杰弗里·摩尔管理系列

换轨策略

持续增长的新五力分析

[美] 杰弗里·摩尔 —— 著
（Geoffrey A. Moore）

祝惠娇 —————— 译

ESCAPE VELOCITY

FREE YOUR COMPANY'S FUTURE
FROM THE PULL OF THE PAST

机械工业出版社
CHINA MACHINE PRESS

图书在版编目（CIP）数据

换轨策略：持续增长的新五力分析/（美）杰弗里·摩尔（Geoffrey A. Moore）著；
祝惠娇译 . —北京：机械工业出版社，2023.2
（杰弗里·摩尔管理系列）
书名原文：Escape Velocity:Free Your Company's Future from the Pull of
the Past
ISBN 978-7-111-72546-6

I. ①换⋯ II. ① 杰⋯ ② 祝⋯ III. ①企业管理 - 研究 IV. ① F272

中国国家版本馆 CIP 数据核字（2023）第 031884 号

北京市版权局著作权合同登记 图字：01-2022-3168 号。

换轨策略：持续增长的新五力分析

出版发行：机械工业出版社（北京市西城区百万庄大街 22 号 邮政编码：100037）

策划编辑：秦 诗	责任编辑：秦 诗 刘新艳	
责任校对：张亚楠 李 婷	责任印制：郜 敏	
版 次：2023 年 4 月第 1 版第 1 次印刷	印 刷：三河市国英印务有限公司	
开 本：170mm×230mm 1/16	印 张：13.5	
书 号：ISBN 978-7-111-72546-6	定 价：69.00 元	

客服电话：（010）88361066 68326294

献给帕特·格兰杰

他为我管理外围，让我专注于核心。

他是我的好朋友，也是深得我信任的顾问。

前言 | PREFACE

　　本书旨在指导企业克服来自昔日路径的引力，释放未来的发展潜力。但是，在谈论如何克服之前，我们首先应该问问自己：为什么企业需要克服来自昔日路径的引力？企业现在的路径出了什么问题？为什么不再以"保持航向"或者"坚持到底"为经营信条？世界到底发生了怎样的巨变，以至于过去半个世纪以来一直行之有效的企业成功秘诀也开始遭受质疑？一言以蔽之：全球化。

　　自我出生以来，美国、西欧和日本的企业在20世纪高速成长的市场都拥有"主场优势"，尤其是享有进入美国消费市场的特权。这是我们引以为傲的过去，但是昔日的辉煌也会成为企业继续前进的负担。到了21世纪，我们已经看到这些"主场优势"不复存在。新加坡的企业轻轻松松就能进入美国消费市场，跟西雅图的企业没什么两样，而高速成长的市场机遇将来自发展中国家，而不是发达经济体。在未来增加的13亿世界人口中，预计只有9000万来自发达经济体。换言之，当前的全球企业领导者必须开发出赢得"客场比赛"的新技能，否则将被边缘化。

　　与此同时，为了适应未来的需要，发展中国家的第一代成功企业也需要重新定位，摒弃过去依靠较低成本的产品和服务渗透到成熟市场的增长方式。随着生活水平的提高，发展中国家的成本优势也在逐渐消失，亦步亦趋跟在合作伙伴和客户背后的竞争模式将不再适用。企业必须走在前面，成为领导者，不然就得接受被边缘化的命运。但无论如何，对于每一个参与者而言，全球化都是一场全新的竞赛。

因此，我们要回到原点，重新思考企业的愿景、战略和执行。首先，全球化的世界究竟希望从发达经济体的企业得到些什么？这个全新的世界想从IBM公司得到些什么？它想从苹果、谷歌、微软、惠普、戴尔等公司得到些什么？更多原有的产品和服务吗？在某种程度上，答案是肯定的，但除此以外呢？除了原有的产品和服务，它还想从你的公司得到些什么？

以上问题的提出将会引出更多的后续问题。哪些市场能为你创造最佳回报？为了从这些市场获得最佳回报，你应该如何调整公司的管理模式和资源配置？谁来设计你的下一代产品和服务？为哪些客户设计？谁能作为你的竞争对手？你该如何与竞争对手制定的标准相抗衡？达到什么样的标准才能实现可持续的差异化，与竞争对手拉开差距？公司原有的商业模式将如何应对经济日益数字化、全球化、虚拟化所带来的挑战？这些都是令人十分头疼的问题。

可以肯定的是，我们所说的来自昔日路径的引力还需要一段时间才能形成气候。天还没塌下来，我们仍有很多机会阅读书籍，学习应对之策；或者咨询顾问，掌握转型之法。如果你能够做到合理规划，稳步推进，逐步在下一代市场上站稳脚跟，同时利用好在当前市场的现有地位，你就很有希望顺利地克服来自昔日路径的引力。那么，你能做到吗？

要是存在某些隐藏的阻力妨碍你执行最有前途的新项目呢？要是

这种阻力就来自公司内部，而且得到了执行团队、董事会、投资者，甚至是你自己的全力支持呢？要是这股力量能够神秘地改变公司资源分配的方向，导致新项目所需要的资源永远无法到位呢？

我认为，这股力量是一种来自过去的阻力，其最直观的体现就是前一年的运营计划。该计划能够产生一种引力，无可避免地阻止任何试图偏离其昔日路径的投资。企业越大、越成功，惯性质量就越大，就越难改变方向和速度。

以上说法似乎是老生常谈，所以我们先花点时间来认识一下这些老生常谈的深刻内涵。

假设你的公司按自然年开展工作，战略规划从第三季度的某个时候开始，到第四季度末结束。规划过程是如何开始的呢？通常情况下，首席财务官首先将去年的运营计划分发下去，作为制订明年资源分配方案和绩效目标的基准。（"先从第四季度的数字乘以四开始吧！"）顺便说一句，在周期性增长的成熟市场，这种做法是完全可以接受的，因为在成熟市场，任何一年的市场份额都会发生小幅的变化。

接下来呢？高管们要求所有参与单位为明年起草一份自下而上的计划，同时，高管们还制定了一套自上而下的目标和基准。到第四季度初，高管们召集所有参与单位开会，讨论两份计划的内容，看看上下设定的目标是否一致，结果发现上下立场相去甚远，甚至可以说是天差地别。规划过程从一开始就不太顺利，接下来上下各方开始进行喋喋不休的漫长争论与博弈，就像玩游戏一样，完全凭运气来决定命运，没有任何技术含量，整个过程跟深夜扑克游戏或火祭舞（ritual fire dance）一样嘈杂、混乱。你可以把这种博弈过程称为"终极零和游戏"，但实际上它是一种负和游戏[⊖]，结果只会事倍功半。无论如何，这是一场充满善意和诚意的博弈，就像二手车的销售谈判一样，也许最大的好处就是促使高管们迫切想回到执行模式。

在此，我想再次明确：这是从成熟市场榨取运营收益的标准操作程序。而且，如果你是成熟市场中的一家老牌企业，采用这种规划程序并没有什么过错。当然，在博弈过程中，你可以徐徐图之，不浪费一毫一厘。无论如何，在成熟市场中，这套程序本身并不会导致糟糕的经济结果。但是，**如果你遇到持续性的市场变动，那情况就不一样了**。

在这里，持续性增长（secular growth）是指任何一个新品类或新客户群出现时所掀起的"一次性"市场扩张，与之相对应的是周期性增长（cyclical growth）。周期性增长是指企业从一个现有市场获得持续回报。在现有市场中，客户群和品类保持不变，各大供应商凭借最新推出的产品和服务来争夺市场份额，竞争态势此消彼长。两者最重要的差别在于，在周期性增长阶段，就算你犯了错，你仍有很多机会让自己重返比赛，然而，在持续性增长阶段，一旦犯错，你就会错失一个不会再次出现的高速增长机会。简而言之，错过持续性增长契机意味着一次巨大的灾难。

可是你就要错失这个千载难逢的机会了，因为你和同僚只盯着内部来决定一切资源的分配。虽然你们属于同一支参赛队伍，但是你们考虑的不是外部的市场机会，而是公司内部的其他单位——我得到更多人手，或者你得到更多人手，无论人员如何分配，一旦到手，就

⊖ 负和游戏是指博弈双方或多方虽有一部分获胜，但付出了惨重的代价，总体来说是得不偿失，没有赢家。——译者注

绝不会还回去。也就是说，在进行战略对话的时候，无论基于什么理由，我们必须证明自己设法争取的一切资源都是合理的。所以，我们会大讲特讲各种战略故事，虽然其毫无真实性可言。这些故事共同构成了一个以自我为中心、为自我服务的愿景，除了我们的直属团队之外，其他人根本无法理解。同时，全世界都朝我们大声呼喊："火车要来了！"但也无济于事，我们都知道火车要来了，可是我们正囿于内斗，任何人都无法抽身而出，离开轨道。简而言之，我们并不愚蠢，我们也不是不知道大祸将至，我们只是受困于现状，动弹不得罢了。

但是外面的世界并没有停下来。世界正在不停地变化，我们却发现自己困守在原地，越陷越深，在这种情况下，就算世界以缓慢的速度变化，我们也不敢掉以轻心。此时，我们才真正体会到，原来我们的周围存在着一个强大的引力场。我们隐约开始理解很多企业曾经的遭遇：它们被其周围的引力场所困，无力加速到换轨速度，最终导致换轨失败——包括宝来（Burroughs）、斯佩里－通用自动计算机公司（Sperry Univac）、霍尼韦尔（Honeywell）、控制数据（Control Data）、数字设备公司（Digital Equipment Company）、王安电脑（Wang）、通用数据公司（Data General）、Prime Computer、柯达（Kodak）、宝丽来（Polaroid）、朗讯（Lucent）、北电（Nortel）、康柏（Compaq）、捷威（Gateway）、莲花（Lotus）、阿什顿泰特（Ashton-Tate）、宝兰（Borland）、诺威尔（Novell）、通用汽车（General Motors）、福特（Ford）、克莱斯勒（Chrysler）、东方航空（Eastern Airlines）、西部航空（Western Airlines）、西北航空（Northwest Airlines）、《商业周刊》（*Businessweek*）、《新闻周刊》

（*Newsweek*）、《芝加哥论坛报》（*Chicago Tribune*）、Tower Records、鲍德斯（Borders）、摩托罗拉（Motorola）、诺基亚（Nokia）、太平洋贝尔（Pacific Bell）、美国西部（America West）、软件公司Quest、南部贝尔（Bell South）等。所有这些企业的遭遇也很可能降临在我们身上。

当然，这只是其中一种可能性。谨记：**我们也不一定会步其后尘**，因为我们还可以选择另一条道路，这条道路可以使我们的速度提升至变换轨道所需的逃逸速度。这条道路既能满足周期性市场地位的持续需求，又能满足新的持续性变化的颠覆性需求。就像我们现有的路径一样，这条道路的终点是制订年度运营计划和资源分配方案，可能具有零和游戏或者负和游戏的特征（持续性增长让你有更多余地来玩非零和游戏），但它的起点不在这里。

这条道路始于围绕愿景、战略和执行开展的一系列结构严密的对话（dialogue），通过对话探索未来的机遇与风险，挖掘新的业务领域，使新业务有效地与现有业务争夺资源。对话的具体细节因公司而异，但总体而言包含以下内容：

1. 每年一次的战略规划过程启动时，在分发去年的运营计划之前，在制定任何形式的财务目标之前，你和同僚认真地以由外向内的视角重新思考你们的公司。具体而言，你们暂时放下由内向外的视角，问问自己我们在前言开篇提出的问题。世界想从我们公司得到些什么？换言之，如果你们要为世界上你们最希望成功的人和最希望你们成功的人服务，并根据他们的需求选择前进方向，那么，你们将会找到怎样的机会呢？

2. 记住以上问题，并根据本书提出的理论框架（我们称之为"五层竞争力模型"），以下面三点为首要目标构建下一年的战略规划：

（1）清晰地勾勒出一个令人信服的未来愿景，并且得到其他人的支持。

（2）制定一个与上述愿景相一致的战略，把公司定为选定目标市场的领导者。

（3）为战略的执行提供资源，使其既能实现你们的最高理想，又能创造丰厚的经济回报。

为了达成第一个目标，对话将围绕品类力、公司力和市场力构成的框架，探讨世界当前的发展趋势，挖掘该趋势与你们公司业务之间的关系，构建一个共同愿景。

为了达成第二个目标，对话的焦点将下移一个力层，围绕公司力、市场力和产品力构成的框架，针对你们所瞄准的目标市场制定一个战略，较之服务同一市场的其他公司，形成一个可持续的竞争优势。

为了达成第三个目标，对话的焦点将再下移一个力层，围绕市场力、产品力和执行力构成的框架，构建一个运营计划，让公司的资源分配大幅度向换轨举措倾斜，以至于你们的直接竞争对手无力跟随，或者不愿跟随。

从最后一步可以看出，以上规划过程的资源分配结果与留在去年运营计划的引力场的结果截然不同。不是这个单位增加10%，或是那个单位减少10%，不是公司内部某个单位的资源相对于其他单位实现最大化。规划旨在最大限度地提高公司引领全球市场的能力，使公司建立无可比拟的市场地位。你们不是在餐厅里分摊账单，你们是在建立大本营，准备攀登乔戈里峰[⊖]。或者暂且忘记这些比喻，用直白的语言来说，你们是在进入资源分配的零和游戏之前，竭尽所能地寻找机会让愿景和战略证明它们的价值。

在过去的20年里，我和我的同事们目睹了这个规划过程帮助很多公司取得了成功，包括思科（Cisco）、赛贝斯（Sybase）、安捷伦（Agilent）、高知特（Cognizant）、阿卡迈（Akamai）、BEA、朗新（Amdocs）、Documentum、罗盛（Lawson）、Activant、SAP、BMC、Agile、PeopleSoft、欧特克（Autodesk）、新思科技（Synopsys）、Rackspace、Adobe、讯宝科技（Symbol Technologies）、高通（Qualcomm），还有几十家硅谷资助的初创企业。一次又一次，企业的高管们利用以上理论框架，突破内部视角的局限，齐心协力勾勒出一个真正对外部有意义的共同愿景，然后致力于制定战略，充分把握该愿景所揭示的机会，并以极不对称的方式分配资源，帮助客户取得成功，同时也阻止其他人参与竞争。

现在，你肯定已经注意到，上面提到的公司全部是高科技领域的公司，这并非偶然。无论是在20世纪90年代的鸿沟集团（Chasm Group），还是在过去十年的TCG管理咨询公司（TCG Advisors，后文简称TCG），我们咨询业务的重点素来都是高科技领域。正因为这种专注，我们能够与竞争对手拉开差距，而且在与规模比我们大得多、经验更丰富的同行竞争时，也显得毫不逊色。同时，我们有机会与上述每家公司的高层管理人员密切讨论。这种通过面对面接触和讨论而获得的知识和观点，是任何一种形式的研究都无法相提并论的。

然而，基于我们自身经验的方法会产生一个后果：本书显然偏重

⊖ 喀喇昆仑山脉的主峰，海拔8611米。——译者注

于高科技企业。如果你是其他领域的企业，遵循的运作规范也与高科技企业相去甚远，那你必须做出相应的调整（或者干脆把本书扔到一边，选择其他更有利于企业的活动）。但是，越来越多的行业正被卷入高科技行业的颠覆性力场：首先是电信和金融服务业，还有国防和航空航天工业。然后，互联网的到来颠覆了零售商业、媒体、音乐、娱乐和新闻行业。现在，医疗保健行业也未能幸免，相信教育行业也不远了。能源公司正在部署智能电网，汽车公司正在销售智能汽车，建筑公司正在推销智能建筑，所有这些会聚在一起，创造出未来的智能城市。

你的公司有可能与以上领域都没有关系，但这种可能性将会越来越小。如果你正在寻找持续性增长，高科技是成功概率最大的入口。最重要的是，如果颠覆性科技创新开始在你的周围涌现，那现在正是你采用由外向内的视角进行战略规划的关键时刻。

正如思科公司首席执行官约翰·钱伯斯（John Chambers）所言："市场转型不等人。"市场转型不等客户，不等合作伙伴，不等竞争对手，也不会等你。时间到了，那就是市场转型的时机。就像你小时候玩捉迷藏的时候一样，不知从哪里冒出来一个声音：**"不管你准备好了没，我都要来找你了！"**

CONTENTS | **目录**

Escape Velocity

第 1 章
换轨策略与五层竞争力模型

为了克服来自昔日路径的引力，释放未来的发展潜力，为了摆脱上一年运营计划的引力场，为了制订下一年的运营计划，顺利实现换轨的目标，你需要施加一个大于当前运营惯性的力量。任何一位经验丰富的管理者都不会低估克服惯性所需要的巨大力量。

几个世纪以前，牛顿提出第一运动定律，又称惯性定律。该定律告诉我们，原来静止的物体将继续保持静止状态，原来运动的物体将继续以原来的方向做匀速直线运动。这条惯性定律也适用于资源分配。

如果组织进行战略规划的第一步就是分发上一年的运营计划，那么会强化当前资源分配方式的惯性。坦白说，这可不是什么好结果，但也没有什么更好的办法。毕竟你不可能每年都从零开始做预算，任何企业，不论规模大小，都不可能年年做零基预算。因此，你要明白，在战略规划过程的某个时候，你一定会遇到惯性问题。

但是，你可以事先有所准备，在遇到惯性问题之前提醒自己和同僚。具体而言，你可以花点时间提出一个**由外向内、面向市场**的规划思路，以摆事实讲道理这种最令人信服的方式，尽量抵消上一年的由内向外、以公司为中心的运营计划所带来的负面影响。这样做能够纠正上一年运营计划的一个巨大的、显而易见的缺陷——**一切以你为中心**。

上一年运营计划的焦点不是世界，不是市场，不是客户，不是合作伙伴，甚至不是竞争对手，它完全聚焦于你，聚焦于你的收入和收益目标、你所期望的资产回报率、你的管理目标、你的运营指标、你的内部资源配置，还有影响最大的一点——你的薪酬方案。我们姑且退后一步来评估一下形势。世界比你更强大，市场比你更强大，客户比你更强大，所有合作伙伴和竞争对手构成的整个生态的力量比你更强大。更重要的是，除了你自己，没有人真正在乎你。因此，抵消上一年运营计划的惯性是一个巨大的挑战，既然如此，何不借助这些外部力量为公司注入更多动力呢？

为此，在开展资源分配的讨论之前，你必须在公司内部开展一系列沟通与对话。在对话中，你要详细剖析哪些趋势和机遇能够为客户和公司创造新财源、带来新机遇，帮助公司占据想要的市场地位。这种思路并不新鲜，新鲜的是我们提出了一个行之有效的新方案。

大多数战略对话谈到最后都是一众执行官各说各话，原因在于没有人能够说得清楚**愿景**和**战略**是什么意思，到底谈的是愿景还是战略，也没有人能达成一致——这也是企业管理的一个令人不齿的秘密。所以，如果你让执行官团队的不同成员解释企业战略，你往往会听到截然不同的答案。我们的商科专业目前还不够完善，尚未能对如此抽象的概念提供统一的定义。这不利于我们找到一条让我们顺利换轨的光明大道。

本书的目标就是改变这种状况。通过我们提出的"五层竞争力模型"，本书将为你提供一份清晰的路线图，帮助你和同僚全面且系统地认识、理解和运用该模型的五个力层，确保你们能够在正确的时间按照正确的次序提出正确的问题，并找到正确的答案。

五层竞争力模型

五层竞争力模型是本书的核心理论框架。该模型将企业之间的一切竞争归结为五个方面，根据企业在这五个方面的实力来评估企业的竞争潜力。按从最宽泛的到最具体的顺序排列，五层竞争力模型包含以下五个力层：

1. 品类力。
2. 公司力。
3. 市场力。
4. 产品力。

5. 执行力。

五层竞争力模型取决于投资者评估企业投资潜力的决策过程。在投资决策中，投资者首先要选择投资的品类。确定投资的品类后，投资者才会遴选要投资的公司。入股公司后，投资者会深入研究该公司的具体情况，包括目标市场的动态、产品的竞争力和历年来的预测达成记录。这一系列决策过程涵盖了整个五层竞争力模型，也决定了五种竞争力的排列次序。

五层竞争力模型的每一个力层都可以理解为一组矢量——也就是一组带箭头的力量，每个箭头都指向自己的方向，该层竞争力的大小等于所有矢量形成的合力，五层竞争力的大小则等于各力层矢量的合力之和。这些矢量可能方向相同，从而相互叠加，形成更加强大的合力；也可能方向相反，相互抵消，使合力近乎为零。因此，你可能身处一个炙手可热的品类，但是没有执行力，到头来也只能落得一场空；你也可能具有卓越的执行力，但是所在的品类是日暮途穷，结果也同样不尽如人意。如果你将这五层竞争力有效结合起来，使之相互强化，产生人们所说的"协同效应"（synergy），那好事自然随之而来。

本章会简要介绍每一个力层所包含的要素，指出相应要解决的管理问题，并为本书剩余章节提供导览。在后续五章中，我们将会逐一深入探讨五种竞争力的详细情况，提出解决相关问题的具体范式并说明特定的适用场景，最后以扩展案例将章节要点整合起来。在"结论"部分，我们将进行全面的总结，并介绍如何将五层竞争力模型应用于制订年度计划。在制订年度计划的过程中，我们确实需要时不时参考上一年的运营计划，借助五层竞争力模型，我们能够更准确地判断出在哪些场合、哪些时机参考最为合适。

本章剩下的任务就是对五层竞争力模型做简要介绍，以便读者了解该模型的基本情况。在阅读的过程中，读者要特别留心每一种竞争力是如何影响经济效益的，同时要思考自己的企业将会如何受到影响。

品类力

品类力是指市场对某类产品或服务相较于其他类别的需求度。相较于其他类别，需求高的品类（如智能手机、存储系统和云计算）更容易吸引顾客花钱购买，从而获取更多的资金。因此，需求高的品类增长速度更快，而且通常利润率也更高。所以，投资一个后劲十足的品类确实是一件前景无限的事情。相反，投资一个后劲不足的品类（例如台式电脑、有线电话或电子邮件服务）往往是前途未卜。当然，也许收益十分可观，但是做出的每一个决策都必须谨慎小心。

要克服来自昔日路径的引力，释放未来的发展潜力，企业必须有能力进入新品类、退出旧品类，但是这并不容易做到。而且，企业越是不断取得成功，维持品类组合的均衡就越难。营收 10 亿美元以下、成立时间 15 年左右的企业，其产品组合往往比较单一，通常包含很多产品，但全都属于一个品类，可能是存储设备，或者安全软件，或者移动设备，或者企业资源计划（ERP）系统。但是，时间再往后，通过兼并和收购，企业逐渐变成类似于控股公司的组织，产品组合包含多个品类，以便充分发挥一体化供应链和全球销售及服务体系的作用。这才是事情开始变得好玩的时候。

产品组合里的每一个品类的具体情况各不一样。但是，企业作为一个整体，需要向股东汇报统一的整体业绩，最直观的业绩表现就是季度收益。作为投资者的代理人，企业管理团队需要维持均衡的产品组合，在一定时期内确保实现季度收益最大化。在这种情况下，参照上一年的运营计划来制订战略规划方案难免会倾向于保留原有的产品组合，即使该组合的质量下降，也依然保留。毕竟，只有很少的企业有魄力彻底更换原有的产品组合，有魄力这样做而且能够取得成功的企业更是凤毛麟角。所以，产品组合质量下降的情况也并不罕见。

为了摆脱上一年运营计划的引力场，你必须客观地评估当前的产品组合，同时要寻找极具吸引力的可靠替代品类。这项工作通常被称为产品组合管理，是企业战略规划过程的一项标准程序，需要解答以下核心问题：

- **哪些品类增长有助于公司实现总体增长目标？** 这是投资者愿意加大投资的品类，所以你要最大限度地提高它们在整个产品组合中的份额。
- **哪些品类增长不足，妨碍了公司实现增长目标？** 这是投资者要减少投资的品类，所以你要尽量降低它们在整个产品组合中的份额。
- **如果产品组合包含多个品类，各品类的份额是否已经达到均衡，有助于公司实现当前收益目标、当前增长目标和未来增长目标？** 不同的战略赋予了这三大目标不同的权重，所以你要确定三大目标的权重是否符合你选择的战略。

- **在厘清以上问题的前提下，我们是否需要进入一个新的品类，是否需要把旧品类从产品组合中剥离，还是继续保持当前的产品组合？** 执行官们经常羡慕其他公司的品类增速更快，其实，为公司选择正确的品类本来就是执行官的责任。

一般来说，企业每年都会提一次产品组合管理问题，只是大多数年份都会保持原有产品组合不变。然而，经验丰富的投资者会告诉你，品类表现是预测公司业绩的首要因素。从长期的角度来看，没有哪一家公司的业绩表现能够超越其品类表现。所以，要想取得长期成功，公司必须在正确的时间进入正确的品类。

例如，在撰写本章之时，苹果公司的财务回报可谓无人能及，部分原因在于该公司的产品组合包含一系列高增长的品类，其中包括智能手机、数字音乐播放器、触摸屏平板电脑三个品类（收入激增主要归功于苹果公司在每一个品类都做出了无与伦比的创新）。同时，戴尔公司却陷入了财务困境，其产品组合正好不包含上述三个品类。因此，戴尔公司正在将自己重新定位为一家面向企业客户的公司，以 IBM 公司和惠普公司为竞争对手。但是，十年前这两家公司的情况完全相反。十年前，戴尔公司是科技行业的宠儿，在蒸蒸日上的个人电脑品类市场里，戴尔公司正处于浪潮之巅，而苹果公司却被边缘化，市场地位日渐衰落。品类力对竞争态势的影响之大，由此可见一斑。正如海滩男孩乐队[⊖]（Beach Boys）的一首歌所唱的那样："赶上了浪头，你就能立于世界之巅！"

⊖　Beach Boys 是 20 世纪 60 年代的美国迷幻摇滚乐队，引用的歌词出自歌曲 *Catch a Wave*。——译者注

可见，企业必须在正确的时间进入正确的品类。由此也引出了一个更大、更可怕的问题。如果你知道公司没有正确的品类组合，如果你知道公司即将错失一个热门商机，如果你知道公司的命运悬于一条垂死的藤蔓上摇摇欲坠，此时此刻，你会怎么做？还记得我们在前言中提到的那一大批已经消失但尚未被遗忘的企业吗？它们曾经都是很优秀的企业，甚至称得上伟大的企业。所以，企业必须及时重新分配资源，在适当的时候进入和退出品类，否则后果将不堪设想。

那为什么我们做不到呢？因为我们未能使公司上下达成一致，齐心协力克服原有品类组合的惯性，摆脱上一年运营计划的束缚。照抄上一年的运营计划将会固化原有的品类组合，继续给每一个原有品类分配资源。而且，资源需求永远大于资源供应，每一个品类都对资源虎视眈眈，对每一项资源都斤斤计较。因此，我们便会形成一种稀缺心态（mentality of scarcity），对增加新品类十分抵触。

所以，在讨论品类力时，本书对于企业应该进入什么品类着墨不多，大部分笔墨用于探讨如何消除妨碍我们进入新品类的阻力。

公司力

公司力反映了一家企业在一个品类内相较于其竞争者的市场地位和发展前景，一般表现为该企业在该品类市场占有的市场份额。请注意，同一家企业在不同品类的公司力不一定相同，一家企业的收入可能来自多个品类。因此，企业的总公司力取决于旗下所有品类的市场地位之和。除此之外，每一个品类的市场份额，以及各品类之间是否产生协同作用，也会对企业的总公司力产生重要影响。

这是投资者估值的演算思路，当然，我们都清楚，企业的估值方式有很多种，投资者估值只是其中一种。

无论市场规模大小，任何行业的所有企业都可以分为三个梯队，第一梯队是真正具有公司力的企业。在汽车行业，通用汽车公司是第一梯队企业，尽管当前它正面临着重重困难；虽然现代汽车公司近来接连取得成功，但是它仍属于第二梯队企业。在高科技行业，企业级 IT 领域有一批第一梯队企业，其中 IBM、甲骨文、惠普、SAP、思科、EMC、戴尔、微软和埃森哲等公司尤为突出；在消费品和服务领域，苹果、谷歌、eBay、雅虎、Adobe、亚马逊和Facebook 处于领先地位。

第二梯队是品类中具有品牌认知的企业，比如汽车行业的沃尔沃公司，个人电脑行业的索尼公司，智能手机行业的 LG 公司。第三梯队是无品牌（unbranded）的企业。这类企业占据了大部分高度分散的市场，在品类总量中的占比也相当大，但是它们的公司力极低，甚至近乎没有。

在这种情况下，换轨策略的重要目标之一就是实现梯队爬升，逃离当前所在梯队的引力场，全力突破进入上一级梯队的引力场。改变梯队意味着改变相较于竞争集合的战略定位。投资的重点要放在企业已经掌握的现成优势上，这些优势是马上可以用于帮助企业实现梯队爬升的力量来源。

我们把这种力量来源称为"皇冠明珠"（crown jewel）。"皇冠明珠"是你直接控制的、独一无二的资产和能力，能够帮助企业在已经进入或打算进入的主要品类中赢得巨大的、可持续的竞争优势。

要管理或者获得能够长期支持和提升公司力的"皇冠明珠"，企业需要解决以下一系列问题：

- **究竟哪些业务是我们的"皇冠明珠"，我们的投资是否足以维持甚至提升其实力？**很多时候，"皇冠明珠"被紧急但不重要的事务所掩盖，其影响力尚未得到充分利用。

- **我们的创新投资是侧重于发挥"皇冠明珠"的作用，还是过于分散，无法与竞争对手真正拉开差距？**答案几乎都是后者，其实这是好事，现在正好有机会做出改进。

- **我们有没有根据利用"皇冠明珠"的需要来设计我们的产品和组织，最大限度地保持可持续的差异化，彻底拉开与竞争对手的差距？**一般来说，答案通常是我们曾经与众不同，如今却沦为平庸。由于惯性的存在，这样的结果是不可避免的。当然，这也是好事，因为这说明存在改进的大好机会。

- **有些业务领域对形成关键差异并不具有核心作用，我们是否已经采取措施对其进行优化和精简？**答案几乎都是否定的，因为既存业务必然想方设法地谋求更多资源，防止无法履行其使命。

即便在最好的情况下，以上问题也很难得到解决。在上一年运营计划的阴影下，要解决就更是不可能了。只要将上一年的运营计划作为基准，维持现状在一定意义上就是顺理成章的选择，但是维持现状与最大化未来竞争优势并不相容。盲目地遵循原有的路线，其结果必然是淡化差异性，削弱竞争优势，在不重要（或者更准确地说，是不够重要）的问题上浪费创新资源，在真正重要的问题上无法获得足够的竞争优势。最终只落得事倍功半的结果，做了很多不该做的事情，而离想要的效果还差很远。

在市场份额相对稳定的成熟市场，这种做法往往无功无过，虽然结果有点乏善可陈，但也不至于彻底失败。但是，在持续性增长市场，这种疲软的表现很快就会在竞争中败下阵来。要想脱颖而出，你的企业必须实现高度差异化，至少你要向目标市场提供无可匹敌的产品或服务。为此，你要以完全不对称的方式分配资源，比如将价值链的很多环节外包或交给合作伙伴。要是在相对稳定的市场环境中，你会更愿意直接控制这部分价值链。

不对称押注（asymmetrical bet）是创造公司力的基础，体现的是**领导企业**和**管理企业**的显著差别。管理者抗拒不对称押注，理由很多，也很充分：不对称押注既不公平，又不受欢迎；不对称押注很难得到共享服务组织的支持；不对称押注比较高调，风险较大，可能会影响职业生涯；不对称押注不讲义气，一意孤行；不对称押注迫使组织远离舒适区；不对称押注是一种离经叛道。

领导者承认上述所有理由，但是他们仍然坚持不对称押注，理由也很多，也同样充分：领导者希望获得一举制胜的力量；他们更注重企业外部情况，而不是内部纷争；他们想让公司适应市场，而不是让市场适应公司；他们渴望有所作为；任何战略都无法避免牺牲，他们要确保所有牺牲都是值得的。

如果你希望得到公司力，你必须**先做领导，再做管理**。换轨失败的企业所做的几乎都与此相反，选择先管理，再领导。这是一个不容易避免的坏习惯，如果你将大部分时间、人力和注意力集中在自己身上，你就必定会选择先管理，再领导。正因为如此，惠普公司在20世纪90年代错过了互联网浪潮，集中精力继续扩大传统的客户机－服务器计算业务，因为惠普公司并不知道互联网应该怎么盈利。讽刺的是，在那十年前，正是在伯纳德·吉顿（Bernard Guidon）等执行官的领导下，惠普公司才开始进入客户机－服务器系统业务领域。在那个时代，虽然专用微型计算机市场分散，增速又低，但是管理者不愿意放弃这个利润较高的"在手之鸟"，因为他们还不太清楚客户机－服务器计算业务应该怎么盈利。

惠普公司并非孤例。事实上，摆脱昔日路径之所以那么难，根本原因在于，从管理上看，沿着原有路径走下去是合理的。坚持原有路径总能得到一个比改弦更张更好的短期回报，很少有例外，而且风险更低。否则，施乐公司帕洛阿尔托研究中心创造出那么多创新成果，但是施乐公司却无法把它们商业化，我们该如何解释？摩托罗拉拥有发明智能手机必需的所有技术和知识，但是在苹果公司发明出iPhone手机之前的几年里，摩托罗拉却未能推出类似的手机产品，我们又该如何解释？

这是一个很伤脑筋的问题，而且困扰着很多人。虽然如此，但变革之道是明确的，那就是，把更多时间、人力和注意力转移到外部，无论是客户、合作伙伴、竞争对手、技术变化还是市场变化，更多地关注除你自己之外的事情。从这些外部力量中找到领导公司发展的目标，然后把让公司安全到达目的地的任务交给管理层。领导是寻找更高的发展方向；管理是确保找到发展方向之后得到适当的回报。两者都是必要的，但你不能从一开始就把重点放在回报上。

市场力

市场力是企业在单一细分市场内的公司力。细分市场是指具有共同独特需求的客户群体，在做出购买决定时，该客户群体会直接或间接地相互参考。市场力的衡量标准是企业在该参考群体中的口碑，确认市场力的依据就是企业在该细分市场的市场份额。

在两种不同的情况下，企业非常渴望获得市场力。一种情况是市场转型期。在市场转型期，由于细分市场中的企业正尝试接受一些颠覆性变化，大量客户的购买决策出现松动，其采购预算可能转移到其他产品上。处于这种状态的细分市场寻求的是尽快恢复稳定，但在几个首选供应商共同提出解决方案之前，市场无法恢复稳定。在此期间，一个供应商针对细分市场的有效举措可能使市场加速恢复稳定，帮助该供应商占据想要的领先位置，从而获得可持续的市场力、可观的下游收入和极具吸引力的利润率。

另一种情况是企业陷入困境或被竞争对手抢占先机的时候。在这种情况下，市场力能够帮助企业脱胎换骨，重攀巅峰。此时，企业已经滑落至中游位置，而且有可能进一步下滑，但是企业可以召集进攻部队和支持者，全力抢占一个细分市场的领导地位，然后扩展到其他生机勃勃的细分市场，将自己重新定位为这些细分市场的补缺市场领导者。成为细分市场无可争议的领导者之后，企业就进入了创造价值的阶段。

市场力是一种抢占地盘的游戏。企业生态系统更喜欢以一个既有领导者为首，按照一定等级秩序（pecking order，啄食顺序）来建立组织。公司力决定了全球企业生态系统的等级秩序，但是单个细分市场经常选择支持另一个候选者作为领导者。细分市场的领导者被认为是目标细分市场中最稳妥的供应商。因此，相较于其他供应商（包括在整个品类中市场份额更大的品类领导者）而言，细分市场的领导者享有可持续的竞争优势。因此，虽然甲骨文是数据库产品的领头羊，但赛贝斯是华尔街的首选供应商。虽然思科在交换机和路由器方面是毋庸置疑的品类领导者，但 Juniper 在电信领域更具领先优势。当 SAP 席卷企业资源计划品类市场时，罗盛软件公司虽然规模小得多，但在美国医疗保健领域是首屈一指。

在细分市场取得的胜利本身就能带来丰厚的利润，同时也有助于企业乘胜追击，使企业力更上一层楼。然而，在一个小众市场中获得第二名几乎没有任何好处。这里有一个简单的教训：聚焦才能成功。任何企业都可以成为大鱼，只要你选择一个适当规模的池塘，然后提供一个其他竞争者无法匹敌的价值主张。

在实施聚焦细分市场的战略时，执行官要面临诸多挑战，具体表现为以下问题：

- **细分市场的规模是否大到有分量，同时又小到能够让你稳稳拿下？**
- **我们针对细分市场的工作任务是否足够集中，工作力度是否足够大，能够让我们赢得市场力？** 还有由此引发的一些后续问题，比如：我们是否有足够的资源完成这些工作？还有另一方面的问题：如果无法完成，我们能否承担后果？
- **我们赢得市场力的速度够快吗？** 答案通常是否定的，这就引发了下一个问题：我们能采取什么措施来加快进度？

- **我们是否让细分市场的利润足够丰厚，吸引我们的合作伙伴积极主动地参与合作，共同完成我们的整体产品？** 在非集群经济中，生态系统的支持对于获得和保持竞争优势至关重要，但很少有企业对合作伙伴的健康状况给予足够的关注。

- **我们是否得到了与我们提供的独特价值主张相称的价格溢价？** 获得市场力的成本是高昂的，所以市场力必须要产生高于平均水平的回报，才能激励企业再接再厉。

- **我们是否清晰地看到了我们在邻近细分市场的增长机会？** 对于全球运营的企业来说，一个单一的补缺市场并不能产生实质性的回报，但如果是一个能够像保龄球 1 号瓶那样击倒其他细分市场的补缺市场，那就另当别论了。

我们再次看到，一种战略能否帮助企业赢得力量，取决于企业是否愿意以高度不对称的方式分配资源，是否愿意牺牲较小的短期收益，换取较大的中期回报。事实证明，正如所有延迟收益一样，获得市场力之难，不在于操作方法，而在于如何充分激励我们自己和我们的投资者做出承诺，采取切实的行动。要做出行动的承诺，管理层和投资者必须就以下观点达成一致：从目标细分市场赚到的一美元比从整个市场赚到的一美元更有价值——前者的价值确实远超后者。

以上说法有据可循：从目标细分市场赚到的一美元，加上更多来自同一细分市场的收入，有助于我们达到马尔科姆·格拉德威尔（Malcolm Gladwell）所称的"引爆点"时刻。在"引爆点"这个转折时刻，一个细分市场的客户集体转向新的产品及其首选供应商。一旦达到引爆点，市场兴趣就会从一个细分市场和其相邻的细分市场中大量释放出来，而且营销成本会大大降低，这又会大幅度降低销售成本，增加销售收入。很多证据表明，这种现象是真实存在的，而且可以集中力量去精心谋划。前提是企业必须投入足够的资源，而且在内部进行充分的沟通和对话，消除内部分歧。

如果根据上一年的运营计划来进行预算谈判，这种沟通和对话只能是无功而返，只会让餐桌上出现很多饥饿的嘴，每个人都心心念念想要分得一杯羹。每个人都指望（或者至少希望）销售和营销团队帮助他们达成目标。想象一下，如果一个新来的人来到谈判桌前，要求专门为一个特定的细分市场（而且规模不是非常大的细分市场）提供一些销售资源，其他人会有什么反应？在谈判桌上，他需要面对大量竞争者。

相反，如果在编制预算之前能够开展以五层竞争力模型为框架的战略对话，你就可以提出能够赢得市场力的机会，对其进行全面、公平的审核和讨论。虽然仍然需要竞争资源，但至少在竞争之前，这些机会的独特价值得到了充分的展示。如果仅仅参照上一年的分析报告和电子表格来做判断，那这些机会的价值必定会遭到掩盖或者压制。

产品力

产品力是市场对某一产品或服务相较于其参照竞争对手的需求度。在成熟品类中，参照竞争对手就是经营同一品类的竞争者组合。在新兴品类中，参照竞争对手还包括不属于同一品类但争夺同一顾客预算的现有替代品。

采用规模运营模式（volume-operations）的企业在制定战略时最重视突出产品力，因为这类企业本质上属于交易型企业，对产品的依赖性较强，产品必须足够强大，才能在市场上占有一席之地。在撰写本章之时，苹果公司的 iPhone 已经利用产品力实现了快速换轨，而苹果公司的竞争对手摩托罗拉公司和诺基亚公司还在苦苦挣扎，争相寻找一款能打败 iPhone 的智能手机产品。谷歌公司的搜索业务在 21 世纪初完成换轨，Facebook 公司的社交网络也是如此。Groupon 公司的每日交易已经达到换轨的速度，只是这种竞争差距的可持续性还有待观察。微软的办公软件 Office 曾傲视群雄，但最近[⊖]谷歌和其他公司推出了"足够好"的替代品，如今 Office 已经开始商品化，有可能重新滑落至竞争环境中。RIM（Research in Motion）的黑莓手机、惠普的喷墨打印机、思科精睿（Cisco Linksys）的家用路由器和戴尔的笔记本电脑也是如此。

从以上例子可见，产品力也许是五层竞争力模型中持续时间最为短暂的一种力量。不久以前，诺基亚公司的产品还被认为是世界奇迹，更不用说索尼公司的随身听和世嘉公司的《刺猬索尼克》（Sonic the Hedgehog）游戏了。规模运营的企业，成功取决于最新推出的热门产品，新产品有多火爆，企业就有多成功。以热门产品为中心创造品牌特许经营业务，可以带动许多差异不大的附属产品。在这个方面，微软公司的 Office、Intuit 公司的 QuickBooks 和欧特克公司的 AutoCAD 都是非常典型的案例。

当然，如果你有幸真正拥有一款热门产品，你就可以借势开拓

⊖　本书写作于 2010 年。——译者注

其下游产品大赚一笔，这也不是什么难事，不是吗？可是，莲花公司推出 1-2-3 电子表格软件后并未能继续开发下游产品，摩托罗拉公司推出热门手机 StarTAC 和 RAZR 之后，也未能成功跟进。那么，为什么这些产品未能建立长盛不衰的特许经营业务呢？

其中一个原因是，在大获成功之后的几年里，这些热门产品无法获得更多的资源份额。在组织政治中，与之竞争的其他项目的势力盘根错节，已经过于根深蒂固，无法撼动。企业里也没有相应的机制能够在决策中一锤定音：相较于投资其他不知名的替代产品，投资热门产品的扩展产品线更能创造产品力。相反，很多社会机制都主张公平分配，给每个人一个公平的机会，而不是有所偏袒。

不幸的是，经济上的成功在很大程度上取决于是否有所偏袒，也就是进行明显的不对称押注。为什么在资源分配决策之前必须进行战略对话，原因就在这里。在对话中，你要提议重点投资的项目，激辩哪些项目真的值得投入资源，争论到把所有人都逼到抓狂的地步。只有这样做，才能摆脱竞争环境的引力场。为此，你首先必须摆脱上一年运营计划的引力场。

面临这种挑战的执行官迫切需要解答以下问题：

- **这个产品是已经证实的热门产品，还是潜在的热门产品，或者只是为了填补产品线空白的凑数产品？**这三种产品可能都值得投资，但肯定不能一概而论。
- **这个产品是否实现了高度差异化，其增速能否与竞争对手拉开差距，从而在竞争中脱颖而出？**如果答案是肯定的，那么差异化针对的是哪些客户，以什么为基础？

- **我们有什么举措可以进一步扩大产品的差异？** 我们可以用什么方法使产品真正无可匹敌，从而延长产品的有效生命周期和特许经营业务生命周期？

- **我们在哪些方面因小失大，或者因为跟随在竞争对手后面疲于奔命而导致资源的浪费？** 我们需要花多少时间悬崖勒马，转而把资源投入我们真正想要支持的产品？

归根结底，产品力不仅仅关乎收入。任何产品都可以创造一些收入，通过适当管理，还可以获得一定的盈利，但只有少数产品能够产生重置市场的力量，进而提升相关周边产品的价值。在你今天的投资组合中，这样的产品很可能尚不存在，但这绝不是你放弃为明天的投资组合创造一些产品力的理由。

执行力

执行力是指企业在市场不偏好任何供应商的条件下超越竞争对手的能力。在大部分情况下，执行力针对的是企业的现有业务，因此其目标更多是保障现在，而不是开创未来。正因如此，执行往往与战略相对立，就像实践与理论相对立，现实的世界与想象的世界相对立一样。

聚焦于换轨策略将彻底改变这种对立关系。在这里，我们讨论的不是一般的执行力，而是**彻底颠覆运营任务优先次序的能力**。因此，传统的执行力技能本身可能已经成为问题的一部分，而不是解决方案。

那么，怎样才能执行推动企业加速换轨的战略呢？总的来说，你需要做到三件事情：

　　1. 你必须竭尽所能地进行创新，与竞争对手拉开差距。这是发明阶段该做的事情。

　　2. 你必须将创造竞争差距的活动制度化，使之规模化、可持续化。这是布局阶段该做的事情。

　　3. 你必须推动发明阶段向布局阶段过渡，达到引爆点，让世界以新的方式向前发展，而不是倒退回以前的样子。

　　具体工作该如何展开，取决于你的公司采用的是 B2B 的复杂系统模式（complex-systems），还是 B2C 的规模运营模式，两种模式呈现出不同的特点。如果是复杂系统模式，创新的执行以项目能力为先，特别是通过定制服务模式吸引远见卓识者的能力，最终迭代出可以面向其他客户群体的产品，至少得在一定程度上实现标准化。只有做到标准化，才能让公司保持与竞争对手的差距。我们把实现标准化的过程称为从**项目模式**到**作战手册模式**的过渡阶段。在本书后面的章节，我们将会深入探讨企业在这个阶段的运行轨迹。

　　一旦作战手册在手，采用复杂系统模式的企业就能将其产品规模化，把竞争对手远远甩在身后。因此，思科的 StadiumVision 团队与达拉斯牛仔队（Dallas Cowboys）、纽约洋基队（New York Yankees）开展项目合作，探索新一代体育场馆基础设施。建设项目完工后，现在思科正与第二波客户合作，将体育场馆基础设施建设能力制度化，制作成通用的作战手册。Adobe 公司与多个行业的早期采用者开展项目合作，向市场展示其客户参与管理软件（Customer Engagement Management）是如何影响消费者关系的动态变化的。现在，Adobe 公司正在将这个软件纳入针对金融服务和医疗保健行业的作战手册。

因此，作战手册对于执行换轨策略至关重要。不幸的是，大多数企业都缺乏制作作战手册的自觉。在采用复杂系统模式的企业，销售人员喜欢投其所好，针对每一个客户的需求制订销售方案。长此以往，作战手册难免会变得越来越厚，最终不得不弃之不顾，重新回到定制服务模式。而工程团队喜欢挑战新项目，因为新项目让他们有机会进一步锻炼自己的发明才能。更糟糕的是，制作作战手册本身就是非常难的事情，篇幅太长和太短都不行。如果只有 3 页，那就什么都讲不清楚；如果超过 50 页，那就过于啰唆。

在 B2C 企业，换轨策略的外部性更强，具有面向市场的特点。在发明阶段，企业推出一个吸引消费者的创新产品或服务，吸引消费者成为固定用户或重复购买者，时间间隔可以是每天、每周、每月或者每年。比如 Facebook 社交网络、《广告狂人》剧集、惠普公司的喷墨墨盒和亚马逊的最新 Kindle 阅读器。

因此，从发明阶段到广泛布局阶段的过渡是一场与时间的赛跑，其成败系于能否以最快速度顺利通过引爆点。如果没有外部力量的协助，这场比赛就无法取得胜利：B2C 企业取得成功的关键在于是否有能力招募到合作伙伴，借助更多外部力量来完成其价值主张。

与外部力量的合作有多种形式。雅虎或美国在线（AOL）等网络媒体企业与出版商联合发布内容，与品牌广告商合作赚取广告收益。SkyGolf 公司的 SkyCaddie 手表或 TomTom 公司的个人导航器等消费类产品要得到高尔夫球场的支持，或者吸引更多旅游者的兴趣，同时获得分销零售商的青睐。苹果公司的 iOS 或谷歌公司的安卓等电子操作平台需要一个拥有大量软件开发者的生态系统，将其创新所蕴含的价值转化为可消费的好处。最后，即便在免费的情况下，无论是开源产品还是精彩的新游戏或新网站，要实现大规模销售，你也都必须想办法让别人来帮你传播营销信息。这也是社交媒体和病毒式营销的价值所在。

在规模运营模式下，任何一家企业从发明阶段过渡到布局阶段都必须面向外部吸引市场，同时还要招募合作伙伴。采用复杂系统模式的企业必须经历面向内部的蜕变过程，从定制化的项目模式过渡到规模化的作战手册模式，与规模运营模式的路径有天壤之别。这正是许多 B2C 企业的换轨策略误入歧途的原因。产品的发明者希望全部规模化工作都围着产品，但事实上，产品规模化的成败主要取决于企业外部的力量以及它们是否愿意参与合作。

退一步讲，无论是复杂系统产品规模化，还是规模运营产品规模化，对大多数组织来说，看似简单的过渡行为本身就是一种反常的行为。一旦形成一个稳定的执行模式，组织就不愿意改变。因此，实现换轨的关键在于制定一套额外的执行准则，即**过渡计划**，其作用就是帮助企业从当前阶段过渡到未来阶段，或者从项目模式过渡到作战手册模式（复杂系统模式），或者从产品模式过渡到合作伙伴模式（规模运营模式）。

由此可见，过渡计划存在的意义就是作为将组织推向引爆点的工具。一般来说，其他大多数计划都不会以此为目标——"尽最大努力"是更常见的标准，但现在面对的是换轨问题，所以没有任何商量的余地。如果达不到引爆点，你不但会浪费掉项目预算，而且还会让你的客户和合作伙伴大失所望，在行动上更是比竞争对手慢了一个节拍。相反，如果你达到了引爆点，那么你一直以来努力执行的每一项任务都会变得非常容易，简直是如有神助一般。你已经到了山顶，现在你不用再全力以赴地猛踩踏板，你可以自由自在地滑行，这是多么美好的感觉！

总而言之，执行分为发明、布局、优化和过渡四个阶段。**发明阶段**和**布局阶段**是成功换轨的关键，**优化阶段**是赢得成熟市场的法宝，**过渡阶段**则侧重于管理其他三个阶段之间的切换问题。我们将在第 6 章深入探讨每一个执行阶段的动态特征以及它们之间的相互关系。现在，我们只需要记住企业在聚焦执行力时出现的问题：

- **我们是否清楚每一条业务线的情况以及相应的最优执行模式？** 组织往往优先选择擅长的执行模式，但擅长的并不一定是需要的。

- **制定组织所需的执行准则之后，我们是否有合适的领导者？** 企业往往希望业务线的整个生命周期都不会出现人事变动，但是这对业务、对人都没有好处。

- **我们有没有重点关注处于过渡期的业务线，不管是从发明阶段到布局阶段（换轨过渡期），还是从布局阶段到优化阶段（成熟过渡期）？** 换轨过渡期和成熟过渡期是失速风险最大的时期，在顺利完成过渡之前，每个人都要对此保持密切关注，一刻也不能松懈。

- **对于过渡计划，我们是否提出了明确的里程碑和评估指标，这些里程碑和指标是否已经上传下达，人人知晓，确保当真正到达引爆点时，我们都清楚无疑？** 答案几乎都是"现在还没有"，因为过渡计划是本书提出的一个新的想法。但是，你要实现登顶的野心，就必须制定和实施这样的执行准则。

推动换轨的执行举措应该与维持现状的执行举措并行不悖，不能互相抵牾。可是，这两者确实在时间、人力和管理层的注意力方面存在竞争，在组织高层尤其如此。当两者发生冲突时，推动换轨的执行举措必须优先。如果你不能时刻监督，你的组织就不能持续完成执行工作，那么你面临的就不仅是执行问题，还有更严重的问题有待解决。

小结

从我们在本章讨论的所有内容可见，五层竞争力模型的内涵极为丰富，涵盖很多领域。由于涉及众多不同的议题，战略对话经常会偏离轨道，迷失方向，这并不让人感到意外。但是，所有这些议题都是制定换轨策略的基础，万事俱备后，你才能制定坚实有力的换轨策略，才能与现有业务争夺下一年的运营资源。如果你无法制定出坚实有力的换轨策略，你就难以达到摆脱惯性所需要的逃逸速度。

至此，我们已经达到了一个相当不错的起跑点。如果你不同意本章的观点，那么，我要向你表示感谢，感谢你的关注，感谢你读到此处，我们就此别过吧。如果你相信本章的观点，或者至少有足够的好奇心继续读下去，那么你现在应该系好安全带，因为本书提出的模型必定会引发各种话题、争议、焦虑和混乱，前路崎岖，难免会有些颠簸，现在我们马上就要出发了！

欢迎你与我们同行！

Escape Velocity

第 2 章
品类力：重新设计品类组合

时间回到 2010 年秋天。这一年印刷媒体界的两个标志性品牌《商业周刊》和《新闻周刊》分别以非同寻常的价格出售——据说售价仅为 1 美元！同时，一家平平无奇的公用存储厂商——3PAR 公司，收购价却高达 23 亿美元，几乎是该公司上一年营收的 10 倍。我们不禁要问一问：这到底是怎么回事？

欢迎来到品类力的世界。印刷媒体正在从品类成熟生命周期的末端坠落，被无处不在的数字媒体取而代之。当这种情况发生时，你的品牌有多知名并不重要——你可以问问柯达，在胶片摄影被数码摄影取代的时候，柯达是什么下场。与此同时，同样是因为转向数字媒体，存储产品类别却一飞冲天，迅速进入了一条巨大的持续性增长曲线。真可谓时机就是一切。

简而言之，品类力是预测企业未来经济表现的首要因素。因此，如果你要克服昔日路径的引力，释放未来的发展潜力，你应该从提升品类力开始入手。我们把这项工作称为品类组合管理（portfolio management），而品类组合管理要从认识品类成熟生命周期开始。

品类力和品类成熟生命周期

品类成熟生命周期模型是理解品类力动态特征的基本模型。我长期从事管理咨询工作，品类成熟生命周期模型是我这一生所有工作的核心，读过我前面几部作品（特别是《公司进化论》第 2 章）的读者应该会非常熟悉这个模型。在此，我将以该模型为框架，分析品类在其生命周期各个阶段的动态变化，并探讨这些变化对公司产品的未来有何影响。

品类力在品类成熟生命周期的不同阶段呈现出不同的状态，与品类成熟生命周期的五个阶段相对应，分别标记为 A～E，如图 2-1 所示。五个阶段的品类力状态及重要性如下。

A. 新兴品类

新兴品类要经历一个动荡的混战时期，从中脱颖而出的品类将成为新的财富引擎。新兴品类的命运受制于技术采用生命周期，在我早前出版的《跨越鸿沟》和《龙卷风暴》两部作品中，我对新兴品类在这一阶段的发展动态都进行了深入探讨（特别是《龙卷风暴》第 2 章）。

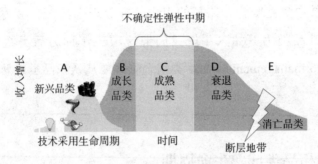

图 2-1　品类成熟生命周期

对于成熟企业来说，新兴品类代表着实实在在的挑战。新兴品类意味着高风险，回报率极其不确定，需要投入大量的顶级资源，但是在短期内不会产生能够影响公司财务状况的收益。这一切都与投资者对上市公司当季业绩收益的期望背道而驰。当然，在极端情况下，成熟企业也可以进入新兴品类，但是要采用我们专门提出的管理方法。至于具体是哪些情况，我们稍后再做详细介绍。

然而，对于初创企业来说，新兴品类则意味着天赐良机。新兴品类冲击既存企业最为薄弱之处，使其市场地位岌岌可危，为无名搅局者（disrupter）创造出可乘之机。单个企业的成功概率并不高，但如果采用风险投资的投资组合方法，只需要少数几个投资项目取得成功，投资者就能获得巨额回报。因此，大量的初创企业获得了风险资本的资助，这也是全球商业创新的一个重要来源。

总的来说，在 A 阶段，品类力处于最不稳定的状态。对于"门口的野蛮人"来说，这是一件好事，但对于固守现状的成熟企业来说是一件坏事。

B. 成长品类

成长品类是上市公司创造财富的重要工具。B 阶段品类的增长是持续性的，而且仅此一次。在这个阶段，新客户带着新的预算进入市场，一场市场份额争夺战正式打响，但最终谁能胜出，目前还无法确定。进入成长品类的所有公司都有可能成为赢家，投资者对这些公司的投资回报估值是一种"期权价值"。所以，公司在这个阶段的市盈率是最高的。此时，品类力正处于巅峰状态。

在 B 阶段的品类竞争中，成熟企业具有强大的竞争优势，新进入者往往难以与之抗衡。成熟企业的销售和服务网点遍布全球，因此成熟企业拥有远超新进入者的市场准入优势，而且能够凭借品牌信誉缩短销售周期，迅速获得客户的认可。因此，风险资本投资的公司都乐于在这个阶段被收购，而且越来越多的管理团队在约定的盈利期结束之后仍然选择留下来，以便在更大的舞台上实现自己的品类愿景。

然而，如果成熟企业否定新模式，固守现状，拒绝变革，或者新模式在一夜之间风靡全球（数字媒体公司很可能做得到），那么，战斗的号角就会吹响，市场均衡将会遭到破坏，进入市场的壁垒将会轰然倒塌。这便是约瑟夫·熊彼特（Joseph Schumpeter）所说的"创造性破坏"（creative destruction）时期。在过去十年左右的时间里，不仅胶片摄影和印刷媒体惨遭打击，图书零售、音乐发行、电视、电影和手机行业也被迫重新洗牌。如果你决策失误，未能选择正确的品类，你就会见识到品类力的破坏力。

在一个持续性增长的市场中，总体而言，创新的基本流程是**发明、测试—学习、布局、再布局—再发明**。没有时间进行优化——优化是在市场最终成熟时才该做的事情，现在的任务是攻城略地。攻城略地有两条基本规则：

1. **进场才有取胜的可能**（无论如何你都必须加入游戏，因此还需要一条补充规则：必须尽早进场厮杀）；

2. **打造出最佳产品才能取胜**（从根本上说，这是一种绝对不能失败的布局战略）。

这两条规则都有利于初创企业和"首次成长"企业乘势出击，依靠在品类成熟生命周期初期的成功，继续在攻城略地中取得突破。相比之下，这两条规则都不适用于成熟市场。在品类成熟生命周期B阶段和C阶段的重大机遇面前，成熟企业往往会爆发很多内部矛盾，其原因也在于此。

C. 成熟品类

世界上绝大部分的经济回报都来自成熟品类，绝大多数就业和税收也源自成熟品类。简而言之，C阶段品类是保障社会稳定的堡垒。

成熟品类具有稳定性和可预测性。在成熟品类，市场领导者的变更非常缓慢，成熟企业占据市场主导地位，市场增长是周期性的。如果你在这一轮中错过了增长机遇，你还可以追赶下一轮增长浪潮。

此外，如果竞争失败，你还可以通过收购的方式重返游戏，利用合并带来的效率提升，抵消收购所投入的资本。

投资者对这一切都了然于心。他们一直在购买和持有成熟品类的股票，因为这类股票风险较低，而且短期能带来股息收入，长期能得到适度升值。与此相对应的创新流程是优化、学习、发明、布局、优化——然后再重复。你可能觉得这看起来没什么新意，但这就是利用周期性增长的方法。用龟兔赛跑的故事来说，C 阶段品类的胜利属于乌龟，不属于兔子。

D. 衰退品类

衰退品类是从周期性增长转变为持续负增长的品类。这是一个持续性的变化，情况只会变得更糟。不过，就像生活中的许多事情一样，恶化并非一朝一夕的事情。在此期间，我们可以运用 D 阶段品类的管理方法，达成自己想要的目标。

在这个阶段，成熟企业是唯一有价值的参与者。市场不是在寻找新的供应商，而是要做出决策：是咬紧牙关奋力改变基础设施，还是得过且过维持现状。如果所涉及的品类不是客户或消费者的业务或生活方式的核心，那么继续维持现状对它们而言则更有价值。因此，此时可能会出现高价值、低风险、低投资需求的情况，这就使 D 阶段成为品类成熟生命周期中最有利可图的阶段。这有点像一种酿酒法：葡萄已经成熟，但仍不采摘，等葡萄开始腐烂发霉，再摘来酿成上等的苏玳酒。

然而，公开市场的投资者并不看好 D 阶段品类的发展前景。在评估投资组合时，他们对衰退品类的估值极低，甚至认为其毫无价值。因此，管理团队很少公开谈论 D 阶段品类，但是肯定会将其收益纳入财报，让整体财务数据更加好看。问题是，公开市场的投资者期望每个季度都有所增长，但是 D 阶段品类的业绩每个季度都在萎缩。所以，稍有不慎，股价调整的阵痛就会随之而来。

相比之下，私募股权公司则没有这样的烦恼。它们喜欢 D 阶段的企业，因为它们可以收购这些企业，然后停止未来的所有投资，尽可能地发挥现有资产的作用，最后把剩下的资产打包出售，或者关闭企业。在这个阶段，创新的基本流程是优化、优化、优化——不断地优化。虽然优化需要大量的工作，而且在外人看来，优化的大部分工作看起来一点都不像创新，但是优化确实是一个风险非常低、回报相对较高的方法。

我们要明白一个重要的道理：在 D 阶段，品类力第一次成了负面力量，我们现在是在逆流而上。在短期内，竞争对手可能先于我们遭到淘汰，所以逆流而上也并非完全是坏事。但总的来说，面对逆流，任何一家企业都必定会消耗一定的时间和人力，更不用说对管理层造成的精力牵扯了。因此，对于成熟企业来说，更明智的选择是及早处理 D 阶段的资产，将有价值的资产重新投入处于早期阶段的品类。

E. 消亡品类

此时，品类的商业可行性到达了终结阶段，电报、电传机、旋转式电话机、电影放映机、滑尺、打字机、复写纸、修正笔、点唱机、晶体管收音机、兔耳形天线、化油器等都属于消亡品类。众所周知，一个品类到了生命周期的尽头就会削弱整个企业的生存能力。到了这一步，企业面临的将是一场悲剧。只要企业在市场上停留太久，悲剧就会发生。

停留太久是指企业仍在投资 D 阶段品类，以便将其生命周期再延长片刻。柯达公司对下一代胶卷的最后一次尝试、宝丽来的小照片相机、百视达公司的实体店扩张计划就是三个典型例子。当时，这些公司的管理层都知道问题出在品类上，但是他们根本找不到任何出路。

然而，经验告诉我们，总会有其他出路。只是，你必须扔掉很多行李，才能轻装上阵。你在市场上停留的时间越长，你必须扔掉的行李就越多，当你想再次出发时，你就越不堪重负。简而言之，在 E 阶段，品类力是最为致命的。所以，企业在 D 阶段必须处理资产，而且要尽可能趁早处理，这一点非常重要。

现在，我们已经对品类力的五种状态进行了全面介绍。在品类成熟生命周期内，我们想要达成什么样的目标是显而易见的：在 B 阶段（成长品类）持续推进创新循环，其成果进入 C 阶段（成熟品类）转化为成熟持久的产品，偶尔回到 A 阶段（新兴品类）探索颠覆性技术，为 B 阶段的创新循环提供灵感，处理掉 D 阶段（衰退品类）的业务，将资源重新用于支持 B 阶段的创新，同时在 E 阶段（消亡品类）保持一个"禁航区"，避免出现资源浪费。以上就是我们提出的品类组合管理方法。

但是，现在的问题不是成熟企业的管理团队不理解上述目标，而是他们没有充分认识到妨碍他们达成这一目标的阻力，导致企业的品类组合一直处于不平衡、不理想的状态。因此，我们现在应该把注意力放在这些阻力上，并努力找到消除阻力的方法。

增长 / 重要性矩阵：品类力评估

将品类组合置于增长 / 重要性矩阵，你就能清楚地看到你的品类力（见图 2-2）。

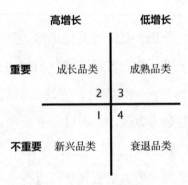

图 2-2　增长 / 重要性矩阵

让我们先明确几个术语。我们以什么基准来判断一个品类属于高增长还是低增长呢？答案很简单：15% ～ 30%（或更高）的增速属于高增长，个位数的增速属于低增长，10% ～ 15% 的增速则处于"不高不低"的区间。

以上数字来自对吸引成长型投资者（而不是价值型投资者）所需增速的推断，也是我们将 B 阶段品类的持续性增速与 C 阶段品类的周期性增速相比较得出的结果。可以肯定的是，判断一个品类的增速高低，千万不能拿品类组合中的其他品类作为参照。这一点非常重要，所以我在此要多说儿句。

假设你的品类组合的平均增速为 4%，但你有一个品类的增速是 8%，这种情况难道不应该视为高增长吗？绝对不应该！相反，这只能被视作两个或更多 C 阶段品类，有的品类力强一些，有的品类力弱一些。（记住，成熟市场的增长是周期性的，所以可能碰巧今年这个品类上升，那个品类下降。）关键在于，这些品类中没有一个具有推动高增长所需的 B 阶段品类力。也就是说，这些品类都没有一个持续性增长的市场，如果有一个持续性增长的市场，市场份额之争将会产生新的市场领导者。既然如此，它们就不应该得到持续性增长市场的资源。

在明白这个原则之后，我们转向矩阵的另一个轴。我们以什么基准来判断一个品类是否重要？与品类组合中的其他品类进行比较，一个品类的重要性越明显，其业绩表现就越出类拔萃，在年度预算和资源分配谈判中的话语权就越大。

根据以往的经验，我们总结了一条判断品类是否重要的法则：如果一个品类创造（或者即将创造）的收入或利润占公司总收入或总利润的比例为 5%～10%，这一品类就是重要品类。对于这种举足轻重的品类，公司负责季度预测的职能部门往往会予以百分之百的关注度。任何重要性低于这个水平的品类都有可能被视为对重要品类的干扰。

清楚了以上概念之后，现在我们来看一看成熟企业常见的品类组合模式（见图 2-3）。

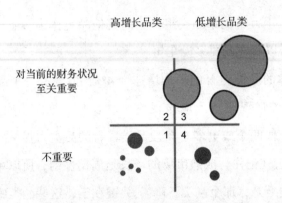

图 2-3　成熟企业常见的品类组合模式

　　在讨论具体案例之前，我们先来解释一下图 2-3 所代表的意义。如果一家企业采用这种品类组合模式，那么，该企业的重要品类大部分都处于品类成熟生命周期的 C 阶段，在图 2-3 中表现为象限 3 中的大气泡。这些都是相当不错的品类，收入往往极为可观。该企业还在投资开发大量新兴的高增长品类，但这些品类尚不具备重要性，在图 2-3 中表现为象限 1 中的小气泡。除此之外，该企业通常也拥有一些"维持型"（hanger-on）品类，这些品类既不具备重要性，也不属于高增长品类，但是仍然有利可图，有时利润还十分丰厚，通常处于品类成熟生命周期的 D 阶段，在图 2-3 中表现为象限 4 里的小气泡。最后，该企业并没有真正的高增长品类，也就是说，它几乎没有明显处于品类成熟生命周期 B 阶段的品类，在图 2-3 中对应的位置为象限 2。这一点也是成熟企业常见的品类组合模式的最显著特征。

　　高科技历史上一些最优秀的企业目前（2010 年）都是以上品类组合模式，包括微软、英特尔、IBM、甲骨文、惠普、SAP 和戴尔。这些公司都拥有属于 C 阶段成熟品类的世界级产品——个人电脑操作系统、微处理器、IT 咨询、企业应用等。在它们目前主导的品类市场，它们通过产品更新换代，都能够实现周期性增长。然而，在过去十年，甚至更长的时间里，它们中没有一家公司能够逐步开发出属于 B 阶段的重要品类。可以肯定的是，在这十几年里，所有公司都花重金进行研发，寻求下一代技术，但都未能取得突破，仍然停留在象限 1，无法过渡到象限 2。也就是说，新兴品类都是高增长品类，但是市场总是太小，在达到举足轻重的规模前，管理层已对其失去耐心，转而关注其他新兴技术。

相反，苹果、谷歌、NetApp、高知特、赛贝斯、思科等公司的品类组合模式与此不同。与上一组公司不同的是，在过去十年中，这一组公司都在其品类组合中增加了至少一个高增长的重要品类（B 阶段品类），其中苹果公司的表现最为亮眼，该公司成功开发出一系列属于象限 2 的 B 阶段品类。正因为如此，苹果公司的成功被誉为十年来最璀璨夺目的商业故事，甚至比谷歌公司的安卓系统、思科公司的网真系统更令人赞叹，在短短十年内，苹果公司开发出的 B 阶段品类不是一个，而是三个！

当然，这一点确凿无疑：所有公司都渴望像苹果公司那样不断开发出 B 阶段品类，至少在高科技领域确实如此，而且在许多情况下，它们成功的机会相当大。此外，所有这些公司以前都至少成功推出过一个 B 阶段品类，否则它们不会达到今天这般的成就。那么，为什么它们无法推出更多 B 阶段品类呢？为什么象限 2 经常空空如也呢？

答案很简单：品类组合管理要平衡不同品类的投资，增加对一个品类的投资，就会减少对另一个品类的投资。这些投资的回报期不同，因此会产生利益冲突，进而干扰品类组合战略的执行。克莱顿·克里斯坦森（Clayton M. Christensen）所说的"创新者窘境"的本质也在于此。克里斯坦森指出，在"创新者窘境"里，没有人是坏人，但坏结果一再出现。因此，要克服"创新者窘境"带来的挑战，我们必须准确地把握"创新者窘境"的动态特征。

品类组合的利益冲突：三轴投资模型

要直观了解干扰大多数品类组合战略的根本问题，最简单的方法是使用梅尔达德·巴格海（Mehrdad Baghai）等麦肯锡资深顾问在《增长炼金术》（*The Alchemy of Growth*）一书中提出的三轴投资模型（见图 2-4）。

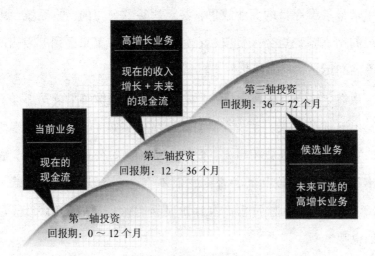

图 2-4　三轴投资模型

该模型将投资划分为三个时间轴，每个时间轴的投资在不同的时间段获得回报：

- 第一轴的投资预计将在产品投入市场的同一财政年度内带来实质性的重大回报，因此能够产生现在的现金流。

- 第二轴的投资预计会产生很大的回报，但回报期并非投资成果推向市场当年。在通常情况下，第二轴的品类从一开始就呈现出快速增长的趋势，但市场规模较小，需要时间培育，直至达到足够重要的规模。此外，市场采用新技术产品的过程很少是线性的，在成为爆款之前它们往往会有一段间歇性的发展历程。然而，与此同时，第二轴投资的品类需要占用相当分量的当前财年的市场进入资源，但并没有在当前财年产生相匹配的回报，因此需要耐心等待。

- 第三轴的投资是对未来业务的投资，回报期在当前规划投资后的几年之内，预计不会在当前规划年度推出产品。因此，虽然第三轴的投资需要一定的研发预算，但并不影响当前的市场进入运营计划。

现在，将三轴投资模型与增长／重要性矩阵结合起来，我们就可以看到三个时间轴与品类组合管理的交汇处（见图 2-5）。

如图 2-5 所示，所有重要的增长都发生在第一轴，第一轴投资的管理团队要为增长目标负责。这始终是一个挑战，尤其是在整个品类组合过时之后，还要面临必须"少花钱多办事"的压力。因此，负责第一轴的管理者总是小心翼翼地把守着分配的每一项资源，甚至只要是自己够得着的资源，都会想方设法拿到手。他们这样做并非行为不端，事实上，优秀的第一轴管理者的重要标志就是应急资源保障能力，能够随时应对变幻莫测的竞争性市场。用达尔文的进化论来解释，这是自然选择的结果。

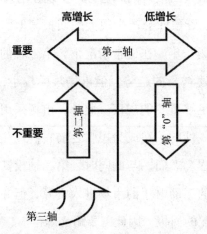

图 2-5　三轴投资模型＋增长／重要性矩阵

但是，这对第二轴的管理者来说可不是什么好消息。他们要将第二轴品类培育成重要品类，因此需要跟第一轴的管理者争夺同样的资源。与此同时，他们手中的第二轴品类还不具备重要性，也就是说，如果将第一轴品类的资源分配给第二轴品类，其当年回报率将会远远低于标准水平。

为什么会这样呢？简单地说，同样是产生 1 美元收入，第二轴品类所耗费的资源要远远高于第一轴品类。在第二轴中，新品类需求和公司声誉尚未建立，犹如滑橇未加润滑油，运行起来连连受阻。而且，一线销售人员对新产品并不熟悉，现有客户和潜在客户也不太可能成为新产品的目标买家。新品类领域的专业知识很少，甚至还不存在，而合作伙伴也在观望中踌躇不前。

那么，第二轴品类在争夺第一轴品类资源中落败，特别是在第一轴管理团队的考核标准为"首先保持第一轴品类的重要地位"的前提下落败，这有什么奇怪的呢？

请注意：第三轴品类不存在以上问题。第三轴品类不需要在当前阶段具备重要性，因此不必跟第一轴品类争夺资源。事实上，作为冉冉升起的新星，第三轴品类经常被置于第一轴品类之上，而且，由于目前尚未成形，所以不会与第一轴品类争夺客户预算。但是第二轴的情况并非如此。第二轴的产品今天就可以发货，分散潜在客户的注意力，破坏现有常规产品的市场。因此，对于第二轴品类来说，这是另一个劣势。

不仅如此，第二轴的产品尚未成熟，以端到端解决方案的标准来说，它们是不完整的产品。为了兑现对客户的承诺，第二轴品类必须增加配套的专业服务，成为一套整体产品。而且这些服务必须打折出售，因为提供专业服务实际上只是在兑现对客户的承诺。此外，初次打造整体产品并非万无一失，其结果往往具有不确定性。第一轴品类的专业服务团队当然也要实现收入和贡献率目标，但是，第一轴是常规业务，需求是既定的，所以实现这些目标更加容易。因此，对于第二轴品类来说，这又是一个劣势。

最后，假如你是公司的营销副总裁，你知道市场部的营销活动对于帮助第二轴品类跨越鸿沟至关重要，但你手中的资源是按总收入的占比来分配的，而第一轴的管理团队——你的主要收入来源，正在催促你提供更多的客源信息，而且是有价值的客源信息，而不是像上次那样的垃圾信息。你确实想帮助第二轴的管理团队，但是他们需要的资源为数不少而且仅为己所用，从成本角度考虑，你无法找到支持他们的理由。因此，你只能在满足第一轴的前提下，尽可能地照顾第二轴的管理团队，与第二轴真正需要的资源相比，只是杯水车薪。所以，对于第二轴品类来说，这还是一个劣势。

现在，你数一数就知道，第二轴品类的劣势已经不止三个了，用棒球运动的术语来说，第二轴品类早已"三振出局"。因此，虽然品类组合管理战略的首要目标是提高品类力，但是，执行市场进入计划的行动——特别是那些围绕着资源分配的行动，往往会对品类组合管理战略造成系统性破坏。第二轴品类从一开始就注定会失败，它们永远不会具备转变为第一轴品类所需要的重要性。

这一点才是关键所在。第二轴品类之所以在资源竞争中落败，原因不是它们缺乏创新，不是研发不力，不是产品不好，也不是客户缺乏兴趣，甚至不是"企业抗体"（corporate antibody），虽然也算有点关系。

事实上，它们落败的真正原因是双方力量悬殊：一方是一个执行成熟的第一轴章程、得到优厚薪酬方案激励的市场一线管理团队，另一方是一群被第二轴品类的市场开发要求缚住手脚、要什么没什么的产品和市场经理。当这两股力量发生冲突时，根本谈不上什么竞争：赢家必定是第一轴的管理团队，而且他们会赢得轻而易举。我们把这种现象称为第二轴缺失（gap），也是陷入克里斯坦森所说的"创新者窘境"的企业普遍存在的一大症状。

在我们的客户中，思科公司应对这一挑战的举措最为奏效。我们曾在《哈佛商业评论》2007 年 7/8 月刊发表题为《要取得长期成功必须重视中期计划》（"To Succeed in the Long Term, Focus on the Middle Term"）的文章，全面总结了思科公司的经验。我们与思科公司合作，共同开发出一套实践方案，在马丁·德·彼尔（Marthin De Beer）领导的新兴技术事业部予以实施，在经过提炼和概括之后，我们总结出一套最佳实务。在过去几年的咨询工作中，我们根据与其他客户的合作经验对这套最佳实务进行了扩展和修正。

填补第二轴缺失：品类组合管理的最佳实务

要在增长/重要性矩阵的象限 2 拥有大量资产，并且在各品类投资之间取得平衡，我们需要重新设计五个方面的管理实务。这五方面分别是：

1. 目标和评估标准。

2. 规划和预算编制。

3. 组织和管理。

4. 人才和薪酬。

5. 兼并与收购。

如果是管理第一轴和第三轴的品类项目，这五个方面的大多数实务都可以保持不变。如果是第二轴的品类项目，那就必须做出改变。以下是五个方面最佳实务的详细内容。

目标和评估标准

我们已经指出，三个投资轴的经济目标各不相同。第一轴投资的任务是在当前财政年度实现预期回报，第三轴投资的任务则是提供下一代原型产品，代表的是有望在未来横扫市场的爆款。如果说，第一轴投资类似于平板电视，第三轴投资类似于 3D 电视，那么，第二轴投资就是从未来返回到现在的渡船，其任务是将前景良好的下一代技术转化成一个足够重要的业务。互联网电视就是一个很好的例子。

毫无疑问，在三个投资轴中，用其中一个投资轴的评估指标来评价另外两个投资轴的表现是不合适的。只要对第一轴和第三轴稍做比较，就可以明白这个道理。但从来没有公司专门针对第二轴制定一套评估标准。实际上，第二轴投资的评估一开始用的是过于宽松的第三轴评估标准，经过一段平平无奇的业绩表现之后，忽然改用过于严格的第一轴评估标准。评估标准时松时紧，飘忽不定，造成的伤害往往才是致命的。

更好的解决方法是，承认不同投资轴的品类之间存在差异，鼓励每一个品类做到最好。图 2-6 总结了三个投资轴的目标和评估标准。

投资轴	第一轴（0～12 个月）	第二轴（12～36 个月）	第三轴（36～72 个月）
首要目标	经济效益最大化	保持发展势头	开发新品类
关键绩效指标	收入 vs 预期 预定额 利润贡献率 市场占有率 收入占比	目标客户 vs 预期 销售速度 合同规模 细分市场份额 引爆点时刻	知名客户 合同规模 知名合作伙伴 公关宣传效果 旗舰项目
	运营支出	**时间成本**	**资本支出**

图 2-6　三个投资轴的目标和评估标准

第一轴的目标是经营一个可持续盈利的业务，这里的关键绩效指标对所有人来说应该都不陌生。每一家上市公司的年度计划和高管薪酬计划几乎都以此为基础，在此我们也没什么新建议。

相比之下，第三轴的关键绩效指标与经营盈利业务毫无关系，但是与取得"早期市场"或"鸿沟前"的成功密切相关，只需要做到将一个新品类推向市场便可，往往是寻找一个或多个知名客户，让它们大张旗鼓地承诺将采用一项尚未经过验证的新技术。沃尔玛在 2002 年互联网泡沫破裂后将讯宝科技公司的 RFID 技术用于产品库存管理便是一个很好的例子。另一个案例是医疗集团 MDVIP 将 Navigenics 的个人基因组测序服务纳入特约医疗业务（concierge-medicine）。这两个案例都没有创造出可持续经营的业务，但两者都创造了布局第二轴投资所需要的曝光率。

以此为背景，我们现在把目光转向第二轴投资。第二轴投资的主要目标是"跨越鸿沟"，从只有少数旗舰客户的状态（第三轴）过渡到持续活跃经营的状态（第一轴）。要做到这一点，最快捷的方法是让至少一个利基市场将第二轴投资的新产品作为标准。这就为刚刚起步的新产品创造了一个持久的市场，并且使其得到了一群忠诚客户的支持。无论新产品的销售额对公司当季财务情况重不重要，这群客户都对公司不离不弃。公司内部负责第二轴投资的领导也因此获得了相应的影响力，有助于他们为下一个品类项目争取到匹配的资源。只要有一个第二轴的品类能够持续经营，问题就不再是能否存活下去，而是可以扩展到何种规模。

仔细观察跨越鸿沟前后的商业状态，我们会发现，潜在客户对新产品早已产生购买兴趣，此时，当它们看到其他公司决定出手购买时，便认为这是一个信号，说明此时采用新产品已经是一个稳妥的选择，并且触发了一个引爆点，吸引大量客户参与其中。几个月以来，销售和营销工作并不是那么顺利，犹如逆风行进，步履维艰。突然间，情况发生了变化，公司和品类开始突飞猛进。客户自发推荐产品，并带来更多潜在客户，它们自己也成为回头客，有了第二次或第三次购买。

在达到引爆点之前，不管公司的经营还是品类的销售都称不上繁荣。达到引爆点之后，公司和品类开始进入大发展时期，不必再为前景担忧。由此，我们很容易就能看到，第二轴投资的重要目标就是达到引爆点。（注：本书第 4 章详细介绍了让品类达到引爆点的作战手册。）

图 2-6 中列出的关键绩效指标都与成功达到引爆点有关，其中最重要的指标是迅速拿下目标细分市场大部分第一梯队企业的采购订单，而且没有任何竞争对手能够与之相提并论。如果把关键绩效指标做成一份目标管理（MBO）计划，那这个计划可能包含以下内容：

> 针对目标细分市场影响力排名前 30 名的客户，在 12 ～ 18 个月内拿下其中 5 ～ 8 个客户的销售订单，在此期间，竞争对手拿下的订单不超过 2 个。

完成上述指标就能达到引爆点。在那之前，其他指标都不重要，因为只有达到引爆点，才能持续经营新产品。在完成这个指标之后，接下来就可以用第一轴的目标和评估标准来衡量新产品的绩效表现。

图 2-6 底部的运营支出、时间成本和资本支出分别是什么意思呢？它们分别是三个轴对应的稀缺资源。第一轴的稀缺资源是运营支出（operating expense），要防止现金牛⊖喝光自己的牛奶。第三轴的稀缺资源是资本支出（capital expense），可能来自公司的资产负债表，或者是预留的"公司税"。

第二轴的稀缺资源是时间。风险投资界的经验表明，一个初创公司往往需要 2～3 年的时间才能跨越技术采用的鸿沟，比较接近第二轴的投资期。可惜的是，根据我们跟上市公司打交道的经验，上市公司常常等不了那么久——它们的耐心往往只能维持一年，如果出现一些明显的进展，通常可以延长到第二年，但很难再延长到第三年。成熟企业拥有强大的分销系统和客户关系，如果管理得当，第二轴投资的运营团队可以将其充分利用起来，以弥补运营支出的不足。一般要求第二轴投资在 4～6 个季度内完成指标，时间非常紧张，完全没有懈怠的余地，每一天都要努力争取客户、跟客户核实销售订单，每一天都要取得明显的进展，只要有一天做不到，就有可能难以达标。

规划和预算编制

关于规划和预算编制，最好的做法就是将品类组合的所有资源分为三个独立的资源库，每一轴的品类拥有一个专用的资源库，每

⊖ 现金牛指能够持续带来现金流的业务等。——译者注

一轴的资源都不能与另外两个轴共享。每一轴的投资回报期都不一样，让它们相互竞争是没有意义的。如果你仍然坚持让它们相互竞争，那如无意外，第二轴的项目将会遇到资源短缺问题。原因何在，让我们来看一看。

第一轴的项目在当前财政年度就能得到回报。光是这一点就足以说明问题了。第三轴的项目则不然，但也不会与影响当年财务收入的项目争夺资源，它们是为未来服务的，所以能够远离当下的资源争夺战。但第二轴的项目确实要占用影响本年度财务数字的资源，而且不会在同年得到回报，这一点很难让人接受。难怪大多数组织在规划和预算编制完成之前会千方百计地让第二轴的项目"把吃到嘴里的资源再吐出来"。

如此一来，那就没有什么项目能顺利度过第二轴了。那么，你在第三轴资助的那些无与伦比的有机创新[⊖]（organic innovation）怎么办？全部都在到达第一轴之前就夭折了。任何旨在快速启动研发的"技术＋团队"收购行动也都是如此。因此，如果你拒绝为第二轴的项目提供资源，那就立即关闭所有颠覆性的第三轴项目，转而将全部资金用于逐步改善现有的业务线。反正第三轴的项目也不会开花结果，那又何必自欺欺人呢？

当然，你也可以召开会议，激烈争论一番之后，决定对第二轴的项目投入一部分影响当年财务收入的市场进入资源，而且这部分

⊖ 有机创新：注重品类革新的一类创新，把资源从衰退品类转向成长品类——一般通过内部研发，以实现衰退性市场地位的差异化。（出自《公司进化论》，2014 年，机械工业出版社。）

资源仅供第二轴的项目使用。每年的资源分配方案都会有所不同，取决于经济情况和第一轴的品类组合当前的表现。一旦确定了专供第二轴的预留资金，所有第二轴的项目都必须相互竞争，争取获得预留资金池的资助。这是第二轴项目的唯一资助来源，另外两轴的所有项目都不允许动用，因为这是专为第二轴的项目而设的专用资金。

请注意，真正存在资源短缺问题的往往不是研发部门，而是市场一线部门，包括市场部、销售部和售后服务部。那么，现在的关键问题是，你愿意抽取多少原本就较为稀缺的一线资源，专门用于支持第二轴的项目呢？对于第二轴的项目来说，这部分资源才是真正攸关生死的。

组织和管理

现在，我们已经对第二轴的项目做出了特别的资源配置，那么是时候对第二轴进行适当的组织和管理了。在组织和管理的最佳实务方面，风险投资界已经一再为我们做出了示范。

风险投资在推动实现第三轴的愿景方面得到了很多赞誉，这自然是当之无愧，但风险投资的实际回报其实更依赖第二轴投资的管理与执行，也就是让公司和品类跨越鸿沟。硅谷最难以复制的地方不是原始技术创新，而是跨越鸿沟的成功率。那么，硅谷跨越鸿沟的成功率如此之高，背后有什么秘诀呢？

在硅谷，几乎所有的初创企业都是依靠一项颠覆性创新进行融资，所有的第二轴品类都是由独立的、垂直整合的、自给自足的业务部门推向市场，所有的资源都直接向一位全权负责人汇报，也就是公司的 CEO。这与成熟企业的第二轴项目形成鲜明对比，后者通常向产品经理报告，而且必须与第一轴的项目共享面向市场的一线销售、营销和服务资源。一线资源共享会导致响应速度变慢，所以风险投资赞助的硅谷创业公司更能够抓住时机，战胜规模更大、资金更充足、知名度更高的成熟企业竞争对手。这是鱼雷快艇跟航空母舰对战，在狭窄的鸿沟水域，躯体笨重、行动迟缓的航空母舰根本就不是鱼雷快艇的对手。

但是，大型企业根本无法为每一个第二轴的品类设置独立的业务单位——有没有解决办法呢？真正必须避免的做法是，建立大量的全建制业务单位，而且每个业务单位都配置全套职能部门，每个职能部门都安排完整的人员编制，其结果就是产生一个极其不合理的开销结构。但是可以创建**临时的、垂直整合的虚拟业务单位**。这种组织形式才是你真正需要的，接下来就是具体的操作方法。

首先，选定一个真正具有创业精神的领导者，在持续 8 个季度的第二轴项目期间担任虚拟业务单位的虚拟总经理。这是一个"破釜沉舟"的任务，不成功便成仁。其次，虚拟总经理从公司各职能部门招募人员加入团队。这些人员实际上不会从他们原本所在的部门调离出来，但他们的全部开支将由第二轴的项目负责，在参与项目期间，他们只听从虚拟总经理的调遣。他们的绩效和薪资仍然由原部门负责审核，因此他们的职业生涯将保持原轨迹不变，但是虚拟总经理的评价将会对他们产生极大影响，这一点应该不难理解。最后，当第二轴的项目结束时，他们有两个选择：要么回到原来的部门，把他们在新的业务领域学到的宝贵专业知识，运用到原来的职能中；要么加入下一个第二轴的项目，运用自己掌握的最佳实务去解决新项目的问题。

通过上述方法，成熟企业叮以形成一个灵活的业务组织，能够有效地与初创企业竞争，同时避免建立纯粹的垂直结构，导致企业变成组织臃肿、人员冗余的庞大帝国。同时，虚拟业务单位就是一个管理单位，执行管理层和董事会可以直接通过虚拟业务单位来了解第二轴项目的进展情况。

最后，由于第二轴的项目风险高、时间紧，执行时应保持快速、高透明度，每周、每月、每季度召开会议。周会由虚拟总经理主持制订每周工作计划，月会向执行管理层汇报当月工作进展，季会向董事会汇报当季度达标情况。

这就是风险资本的操作方式，你当然也可以这样做。只是，与风险资本不同，你还有第一轴的项目有待完成，所以不能同时设立多个第二轴虚拟业务单位，但是设立一两个还是可以的。设立后，你要采用正确的方法进行管理，一定不能出错。

人才和薪酬

成熟企业应该模仿风险投资的组织和管理方式，但是千万不要模仿风险投资的人才和薪酬方案。风险投资模式要的是挑战极限，为获取更多的回报而承担更大的风险，而且有能力支持那些常有"破釜沉舟"之举的企业家。在成熟企业，这些风险投资模式的做法并不能发挥出应有的作用。

相反，成熟企业应该从执行管理层下一级的高潜力管理人员中招募创业型领导人，让他们有机会在一个高曝光度、高挑战性的任务中施展自己的才华。在选定领导人选后，企业应该给他们配以强大的导师，帮助他们招兵买马，攻城略地，并且干净利落地解决掉内部障碍。团队中的其他成员也应该获得与级别和任务相匹配的待遇。

但是，由于这种做法并不符合现行规范，你经常会发现有些工作岗位的人选并不能胜任。没关系，反正也没有造成什么伤害（没有伤害就不算犯规）——而且这本就是预料之中的事情。虚拟总经理应该马上更换不能胜任之人，不能拖延。没有试用期，没有90天改进计划，什么都没有——因为根本没有多余的时间。我们要将他们调回原来的职能部门，这并不会影响他们的人事档案，而且给他们补贴一个季度的全额费用，以弥补此番调动所造成的干扰。吃一堑，长一智，下一次招募时就应该更明智些才是。

最后，在薪酬方面，成熟企业没有必要模仿初创企业的薪酬方案。初创企业靠风险资本资助，往往提供股票期权作为薪酬，激励创业团队鼓足干劲熬夜加班。如果有人想要这样的报酬，那就跳槽到门洛帕克市（Menlo Park）沙山路（Sand Hill Road）的莫尔达维多风险投资公司吧（坦言相告：我就是这家公司的投资合伙人）。其实，成熟企业内部的员工并不会承担初创企业所经受的那种高风险。此外，成熟企业中常见的向第一轴项目倾斜的组织形式也可能造成障碍，但如果做到精细管理，也可能将障碍转化为资产。毕竟，名片上写的公司名称是有差别的，比起 Apitaxis 或者其他奇葩的公司名称，如雷贯耳的"思科"二字更能敲开潜在客户的大门。

因此，薪酬方案应该发挥它应有的作用，能够激励团队所有成员专心致志地为团队的关键目标和评估指标而奋斗，销售团队的薪酬方案尤其要如此。第二轴项目的目标不是收入最大化，而是要在一个特定的目标市场拿下关键客户。因此，你要调整销售团队的薪酬方案，薪酬首先要与拿下关键客户挂钩，只要有人拿下关键客户，团队其他成员的奖金也会随之水涨船高。

兼并与收购

大多数兼并与收购（简称"并购"）的目标不是第二轴的品类，而是第一轴、第三轴的品类。首先是第一轴的成熟品类收购，甲骨文公司 2000 年至今的并购，联合电脑公司（Computer Associates）在 20 世纪 90 年代的并购，基本上都属于这一类。这一类并购可以打造一个完全不依赖品类增长的增长引擎。其次是第三轴的下一代技术收购，从财务角度判断，这类收购并不成熟，其目的在于启动前景看好但尚未成形的新品类研发，也是为未来押注，播下第二轴品类的种子。

此外，还有第二轴品类收购，其目的是帮助企业进入错过或失败过的 B 阶段高增长品类。20 世纪 90 年代，思科通过收购第二轴的品类成功实现了复苏。当时，思科收购了局域网交换机品类中的三家公司——Kalpana、Granite 和 Grand Junction，一举挺进了一个热门品类，保护其路由器市场免遭侵蚀。同样通过并购实现复苏的案例还有 BEA 公司收购 WebLogic（网络应用服务器）、EMC 公司收购 VMware（虚拟化软件）、Adobe 公司收购 Macromedia（流媒体）。

第二轴并购成功的关键在于选择合适的并购对象。要选择营收不错，从一开始就能对你的财务状况产生重要影响的公司。就算有大家都熟知的大咖领衔，有机创新团队想要在第二轴的内部资源分配中争取份额也很难。如果是一个默默无闻的陌生团队，想要获得优质资源，那几乎无异于天方夜谭。在得到同事的支持之前，他们必须建立起可信度，但是他们没有时间，也不知道要躲开哪些陷阱，一不小心就可能被人用垃圾资源随手打发。

其实，我们也可以换个角度思考什么是成功的第二轴品类收购：收购对象作为独立的公司，实际上是一家成功的第一轴公司，在被你收购之后，出于你自身的战略规划考虑，在你的公司里变成了第二轴品类。这便是英特尔公司收购迈克菲公司（McAfee）的思路，作为一家独立的公司，迈克菲是一家十分成功的计算机安全技术公司。在英特尔公司的规划中，收购迈克菲公司的目的在于进军移动设备领域——对于两家公司来说这都是一个新领域。思科收购的 Linksys 是一家无线路由器厂商，收购的主要原因是为家庭娱乐端到端服务提供者架构打造具有经济可行性的终端产品。网络会议软件供应商 Webex 是一家面向中小型企业客户的知名企业，在收购该公司之后，思科得以在企业级通信和协作技术市场抢占先机。

最后，并购还有一个不得不考虑的因素：收购价格。成熟企业不喜欢收购对象的估值乘数高于自身的估值乘数。但事实是，纯粹的 B 阶段成长型公司的市盈率确实应该比混合型投资组合更高。既然如此，那就不必在意价格在当今时代，许多成熟企业都资金充裕，被收购方估值过高不再是需要咬紧牙关解决的大问题。对于主持收购的高管来说，这确实是一个好消息。

　　然而，如果你在第二轴品类选择上一直摇摆不定，最终你的第一轴投资组合也会过时，你的股票价格将会不断下跌，甚至跌至无法作为收购货币（acquisition currency）的地步。届时，除非你的资产负债表规模庞大，否则你就会陷入困境。你的独立性已经无法维持，现在只剩下两条路：与竞争对手合并，或者接受被私募股权收购的厄运。对你的职业生涯来说，这两条路都谈不上好的选择，但至少为一部分员工保住了饭碗，虽然这样的饭碗并不是你一开始所承诺的。

小结

　　要克服惯性，成功实现换轨，我们有不少工具可用，而品类力是其中最为强大的一个工具。如果利用得当，品类力能够帮助公司重新定位，不断抓住诱人的增长机会，避免落入陷阱。但经验表明，大多数企业往往在事关品类力的决策上举棋不定，结果白白错失良机。本章探讨了这个问题背后的原因，并找到了应对之策。

　　在本章的最后，我们深入研究一个经典案例——阿卡迈技术公司。我坦诚相告：自 2006 年以来，我一直是阿卡迈技术公司的董事会成员，对这家公司的情况比较了解。接下来，我们将详细分析阿卡迈技术公司如何利用品类力重新设计投资组合，最终实现提升利润率和稳定性的目标。

案例: 阿卡迈技术公司的品类组合管理（2006 ～ 2010 年）

阿卡迈技术公司是一家互联网内容分发服务公司，拥有规模空前的分布式平台，涵盖 70 多个国家近千个网络的 73 000 多台服务器，每天承载的网络流量占全球网络总流量的 20% ～ 30%。该公司的最大优势在于能够智能化处理内容的动态路由安排，以减少其在公共互联网各节点传送的延时。

2006 年，阿卡迈技术公司的主打产品有两种：一是内容分发网络（CDN），用于优化流媒体、大型软件文件等静态内容的加载；二是 EdgeSuite 技术平台，用于优化动态内容的加载，加速各种交互式应用。公司最广为人知的业务是 CDN 业务，EdgeSuite 技术平台的应用产品很难摆脱核心业务 CDN 的惯性。然而，公司管理层认为，CDN 业务已经逐渐商品化。因此，过于依赖 CDN 业务是一个特别令人忧虑的隐患，公司必须开发增值服务，才能确保未来的增长。

于是，管理层采取了两大举措，同步推进三个轴的投资项目。第一大举措是围绕五个垂直品类将面向客户的职能部门进行重组，这五个品类的具体情况如下：

- 媒体和娱乐业。该行业对 CDN 的兴趣最浓，尤其是对流媒体。

- 高科技行业。该行业需要管理软件加载，对 CDN 有持续的强烈需求，对加速在线应用加载的需求也在增长。

- 零售业。该行业的关注点是消费者网站的响应时间，延时问题可能导致潜在客户离开网站或在中途放弃交易。

- 企业客户。企业客户的关注点是在移动客户端设备或远程运行交互式企业级 IT 应用，如销售自动化或商务智能系统。

- 公共部门。该领域较为常见的是由专业服务主导的定制项目模式，或者是专业化的应用程序，或者是电子政务系统。

除此之外，阿卡迈技术公司还根据职能重组采取了相应举措，重新设计了公司的产品组合，以便更好地与五大垂直品类保持一致。具体情况如下：

- 作为第一轴品类的 **CDN 产品**已经与媒体、娱乐和高科技行业相匹配，受到的影响最小。现在，每个向娱乐行业客户销售 CDN 产品的员工都是媒体专家，有点类似于与大象共舞。你要先教会大象如何跳舞，才能与之共舞。凭借丰富的专业知识，该公司能够与大型媒体客户建立更有成效的关系，这对公司的业务成功起到了至关重要的作用。

- 从 EdgeSuite 技术衍生出一个新业务 —— **动态网站加速**（DSA），主要用于应对零售业的挑战。管理层一开始预计 DSA 将是一个第二轴业务，但事实上，DSA 业务与之前的 EdgeSuite 业务非常接近，价值主张简单、直接，极具吸引力，刚刚问世时就跃升为第一轴业务，根本没有什么鸿沟需要跨越。

- 另一个新业务是**网络应用加速**（WAA），也诞生于 EdgeSuite 技术，用于解决一个令主管企业 IT 的首席信息官感到头痛的难题：在公共互联网上如何实现移动应用的远程支持。事实证明，这确实是一个第二轴业务，产品问世的时间晚一些。

- 第三个新业务是基于新技术的**广告决策服务**（ADS），用于帮助广告商从网络广告中获得更好的收益。这是新的市场、新的服务，因此管理层当时将其列为第三轴业务，事实也证明它确实是第三轴业务，不过2010年已经开始为过渡到第二轴做准备，此时距离最初的融资已经过去了大约两年。

回到WAA业务所面临的第二轴挑战，首先我想指出的是，这个挑战已经轻松解决。尽管阿卡迈技术公司在财报中没有分列WAA业务的收入明细，但是WAA业务在2010财年的收入增长相当可观。此外，加上公司在DSA品类的姐妹产品，这两项增值业务对公司收入和收益的贡献已经超过了核心的CDN业务。因此，阿卡迈技术公司已经为自己的未来筑牢了根基，在持续强劲增长的CDN业务基础上增加了前景光明的新品类，既能够实现增值，又能够抵御商品化的趋势。

那么，阿卡迈技术公司是如何做到的呢？以下是其中几个关键步骤：

- **WAA产品直接利用现有的企业级IT产品销售渠道。**公司并没有为WAA业务开拓一条专门的销售渠道，但是在公司的企业级IT产品销售中，WAA业务的优先级最高，这样做还能够避免由于增加销售人员所带来的开销问题。此外，WAA

团队可以专注于企业级市场，不会在一些对其他阿卡迈产品需求更大的细分市场中浪费力气。（在 WAA 项目早期，公司确实斥资建立了一个完全独立的销售渠道，然而，比起直接利用现有的垂直销售渠道，独立的销售渠道成本更高、效果更差，而且垂直销售渠道的客户往往高度重视网络应用的性能。）

- **收购另一家开发同类产品的公司**。2007 年，阿卡迈技术公司收购了专门从事网络应用程序加速的 Netli 公司。当时，两家公司的营收都在 1000 万美元左右。因此，除了引入技术和增加管理的深度之外，此次收购也推动刚刚起步的 WAA 业务迅速发展成对公司举足轻重的业务。

- **遇到一位极其出色的虚拟总经理**。阿卡迈技术公司很幸运，在收购 Netli 公司时，Netli 公司的威利·特哈达（Willie Tejada）也加盟了公司，担任执行官的职务。他在面对客户时的那种顽强的进取心，正是第二轴项目所需的。在 Netli 公司工作时，他曾与阿卡迈技术公司是竞争对手，但是他十分尊重阿卡迈技术公司的优势。加盟阿卡迈技术公司后，他野心勃勃，而且有能力利用这些优势，迅速让 WAA 业务转化为对公司举足轻重的业务。他的直属上司是公司的一位元老级执行官——克里斯·舒特勒（Chris Schoettle），这次收购就是舒特勒主持的。任何新业务要加速发展，达到换轨速度，无可避免都会遇到内部障碍，这些问题也是舒特勒帮他解决的。

- **定期向董事会汇报**。这样做能让管理层了解第二轴项目的进展情况，也使第二轴项目得到足够的关注度，这样才能推动其加速发展。特别是使一线销售人员得到应有的鼓励，只有如此，他们才会为第二轴项目付出额外的努力。

- **抓住云计算的浪潮**。随着软件即服务和云计算在企业的 IT 战略中变得越来越重要，对公共互联网加速应用程序的需求也在急剧上升。事实证明，阿卡迈技术公司对有机创新的投资以及适时的"大肆"收购是很有先见之明的。

从阿卡迈技术公司的成功经验可见，只要公司上下齐心协力，填补第二轴缺失也不是什么难事。阿卡迈技术公司的企业文化非常重视责任感。对于这样的公司来说，增加一套专门针对第二轴品类的评估指标尤其重要。因为大家各司其职，而且每一件事情都能做到权责分明，所以管理团队能够成功推动第二轴品类加速到换轨速度，摆脱原有业务模式的惯性。

Escape Velocity

第 3 章
公司力：进行不对称押注

公司力是企业对客户、供应商、销售渠道合作伙伴、整体产品合作伙伴等利益相关方的议价能力之和。按照这个定义，我们可以说，在马克·赫德（Mark Hurd）的领导下，惠普通过精简现有业务提高投资回报率，拉动公司股价上涨，进而收购更多业务，使公司的议价能力得到了极大的提高。正因为如此，惠普能够从供应商拿到更优惠的合约，从销售渠道合作伙伴获得覆盖面更广的销售渠道，从而吸引更多合作伙伴参与打造整体产品。这种强大的议价能力来自惠普的差异化，首先是相较于竞争对手（IBM和甲骨文）的差异，其次是以上各利益相关方最为看重的差异——就惠普的情况而言，那就是虽然差异化程度不太高，但性能可靠而且价格明显较低的产品和服务。

这是十分典型的卓越运营战略，其目的在于提升公司力。西南航空公司和沃尔玛也采用了这种战略，但第一梯队的企业 IT 公司很少采用。IBM 或甲骨文公司都不太可能复制惠普的做法，但这正是公司力提升的关键所在。

在市场竞争中，你每后退一步，公司力就衰减一分。要摆脱这种公司力日渐疲软的窘境，你必须努力打造出一个或多个无可匹敌的产品或服务，使公司迅速达到换轨速度。我们找到了一条成功实现换轨的路径，如图 3-1 所示。

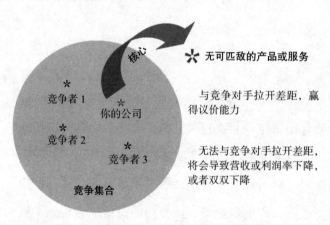

图 3-1　加速至换轨速度：创造竞争差距

图 3-1 提出了几个主张，每一个都对公司制定和执行提升公司力的战略起到至关重要的作用。

- 你的公司与其他提供同类产品或服务的公司构成了一个竞争集合。因为集合中的竞争者提供的产品或服务是类似的，所以彼此可能被替代。

- 替代品的存在削弱了你对客户和合作伙伴的议价能力，增加了产品或服务的销售难度，收入和利润空间也备受压力。

- 然而，与此同时，由于竞争集合的存在，客户和合作伙伴确信，这一品类正在创造相当不俗的价值，而且就算某个竞争者的产品（或服务）或供应商达不到要求，市场上也有替代品可供选择。因此，你的产品就会更易于购买。

- 圆圈外的大星号代表一家公司（也就是你的公司）形成一种能力，能够让公司创造出其他竞争者至少在短时间内难以匹敌的产品或服务。

- 因为市场上不存在能与你的产品或服务匹敌的替代品，你的议价能力将会得到极大的提升，你的产品或服务就会更易于销售，收入和利润也将不断攀升。同时，你的产品或服务所属的类别并没有改变，所以购买产品或服务仍然十分容易。客户对此感到满意，也乐于购买；另外，由于你的实力有所增加，合作伙伴会产生危机感。这是一个盈利最快、股东回报率最高的最佳位置。

- 在你目前的状态和这个你梦寐以求的未来状态之间的箭头，代表了成功实现过渡所需的投资和创新。这是一个向外逃逸的箭头，箭头的力量越大——你的新能力越强大，与其他竞争者拉开的差距越大，其他竞争者追赶上来的可能性就越小，甚至连试一试都没有必要。

- 这种需要投资和创新才能形成的独一无二的能力，就是你的核心（core）。核心让你与众不同，使你在竞争集合中脱颖而出。与核心相对的是外围（context），即与其他竞争者相差无几，仅仅能让你跻身竞争集合的其他一切能力。

以百分之百的专注推进核心创新项目，同时以《星际迷航》中那种探索未知世界的胆识，让公司的资源分配向核心创新项目倾斜——这两大举措能够让你从当前品类的竞争中脱颖而出，迅速达到换轨速度，脱离当前的竞争集合。可惜的是，大多数公司在这两个方面的表现都不尽如人意，所以只能长期困于自己目前所在的竞争集合。克莱斯勒公司与通用汽车公司有何不同？联合航空公司（United Airlines）跟美国航空公司（American Airlines）的差异在哪里？由高盛（Goldman Sachs）保荐上市就一定比摩根士丹利（Morgan Stanley）或瑞士信贷（Credit Suisse）保荐更好吗？美国政府雇员保险公司（GEICO）的保险真的比美国州立农业保险公司（State Farm）的保险更优惠吗？必须选择百事可乐吗——就不能是可口可乐吗（反之亦然）？在大多数时候，选择哪一个都可以，真的没什么差别。

当然也并非没有例外，有时候真的没有可以接受的替代品。如果企业真的与众不同，确实摆脱了竞争集合的引力场，那就可以获得举世瞩目的成功，就像丰田普锐斯、亚马逊、苹果、谷歌、Facebook、思科和IBM一样。但是，如果无法与竞争对手拉开差距，结果绝对是一场灾难，不但需要付出更多更艰辛的努力，而且只能得到很少的回报。个中滋味如何，问问曾在日产、鲍德斯、

Palm、AskJeeves、Friendster、3Com 或 Unisys 等公司工作的人便知。

那么，成功者和失败者的做法有何差异呢？毕竟，每家公司都会制定自己的差异化战略，而且都在研发、营销和运营方面投入了大量资金。但是，真正能够达到换轨速度的公司屈指可数。那么，成功换轨的公司有什么秘诀呢？我认为，答案在于**领导力**。

根据现在流行的看法，每一家《财富》500 强公司的高层都是具有领导力的领导者，但我们在此所说的领导力在现实中比较罕见。首先，要无所畏惧，就算是让其他竞争者望而却步的选择，也要一往无前。这是聪明的做法吗？其次，要不均衡地配置资源，有时候不均衡的程度之大，令人错愕，往往需要力排众议，顶住一切压力，这种压力不但来自管理团队的同僚，还来自长期以来的客户和合作伙伴。这真的是明智之举吗？再次，要愿意犯错，有时还是大错特错，而且是公开犯错。你真的为此做好心理准备了吗？最后，要得到整个管理团队和董事会的全力支持与持续投入。问题是，以前你什么时候得到过呢？

但是，如果没有这种能够突破一切阻力的强大领导力，你就没有办法达到换轨速度。因此，尽管走中间路线可能是明智之举，但你要知道，走中间路线很可能会让你永远无法摆脱你目前所在的竞争集合，客户和合作伙伴将会挑拨竞争集合中的所有竞争者进行恶性竞争，让你们的价格和利润率不断下降。在你的团队中，某些人可能也愿意接受这样的结果，但是你的投资者可不一样，如果他们撤资，就会有投机者乘虚而入接管公司，通过冷酷无情的"优化改组"和"企业再造"重新规划公司的"未来蓝图"，这张蓝图上恐怕没有你和团队同僚的位置。

相较之下，通往换轨速度的道路似乎也没那么可怕。事实上，这条道路并不危险。但是，要顺利到达目的地，你和同僚必须明确以下三个关键因素并且保持高度一致。

1. **你的竞争集合**。谁是你真正的竞争对手，为什么要与它们竞争？你对这些问题的答案越清晰，需要逃离的竞争圈子就越小，取得成功的可能性就越大。此时要回答的问题是：与谁的差异？

2. **你的核心差异**。要达到换轨速度，你必须开展具体的投资和创新项目。你对这些投资和创新项目的规划越清晰，公司的牵引力就越充足，导致的浪费就越少。此时要回答的问题是：有哪些差异？

3. **你的执行战略**。推进投资和创新项目需要在工厂和现场投入资金、人力等资源，你在资源配置方面做得越好，内部摩擦就越少，公司上下就越团结。此时要回答的问题是：如何创造差异？

只要你准确、清晰地把握以上这三个要素的具体情况，在此基础上做出精准决策并确保有效执行，你就能创造出公司力——就这么简单，根本不需要什么魔法。不过，在此过程中需要注意一些细节问题，要避免落入陷阱。具体有哪些细节、哪些陷阱，本章接下来将一一介绍，帮助你了解清楚之后再出发。

竞争集合：与谁的差异

究竟谁是你的竞争对手？它们真的是你的竞争对手吗？多年

来，Sun 公司的首席执行官斯科特·麦克尼利（Scott McNealy）经常取笑微软，以非常诙谐的方式拿微软与 Sun 公司进行对比，戏剧效果很不错，确实挺吸引人关注的。但问题是，微软并不属于 Sun 公司所在的竞争集合——当时如此，现在如此，未来更是如此。所以，这是一种代价十分高昂的戏剧效果。

你想一想，起亚（Kia）跟宝马（BMW）在同一个竞争集合吗？沃尔玛与尼曼（Neiman Marcus）互为竞争对手吗？你是怎么做出判断的呢？更重要的是，如果是你自己的公司，你该如何判断哪些公司才是跟你在同一条赛道上的竞争对手？

在思考竞争问题时，首先要厘清思路，否则很容易就会变得以自我为中心，视野十分狭窄，注意力局限于维护产品，一心想要辩解为什么自己的产品比别人的更好。相信我，在这个问题上，没有人在意你有什么想法。人们真正关心的是以下几个问题。

- 没有竞争就没有市场。那些"没有竞争"的初创企业之所以很难吸引合作伙伴，销售也一败涂地，原因就在于此。你的竞争集合是你整体价值主张的组成部分。所以，你的竞争集合应该包含哪些竞争者，一定要谨慎选择。
- 你的竞争对手是人们评判你的依据。正所谓物以类聚，如果你一再贬低竞争对手，对它们说三道四，那人们就会得出结论：既然你跟"垃圾"混一个圈子，那你跟"垃圾"也没什么区别。反之，如果你把自己与可敬可佩的高手相提并论，那就说明你自己也相当不错。诋毁和差异化是完全不同的两回事。

- 客户和合作伙伴主要通过你的竞争集合来了解你在市场上的位置。你要告诉它们，你可以替代竞争集合里的那些公司。至少在某些情况下，它们可以根据这一点来评估你的产品。因此，要有雄心壮志，同时也要脚踏实地。

- 最后，有了竞争集合作为参照，市场才能理解和评价你的差异化，才会做出偏向你的购买决策。

如果你能设身处地地为客户或合作伙伴着想，你就能构建一个竞争集合。正确的竞争集合不但能让你变得更加强大，而且能够帮助你的客户或合作伙伴变得更加成功。当然，你必须有所侧重，聚焦于目标客户或合作伙伴对你的需求。我们采用较为激进的方式，把你要面临的竞争简化为两种基本类型：第一类的竞争对手是跟你采用同一种商业架构的公司；第二类的竞争对手是跟你处于同一梯队的公司。下面我们来看看这两类竞争的具体情况。

商业架构（business architecture）的概念乍一看有点抽象，但在实务中很容易理解，而且解释力也出乎意料的强大。我们认为，成功的大型企业创造价值的基本模式分为两种，而且只有两种，也就是我们所说的两种商业架构，如图3-2所示。

1. **复杂系统架构**专于处理复杂问题，根据客户需要提出高度定制化的解决方案。客户包括政府项目（通常只有几个）、大企业（可能有数百个）、小企业（可能有数千个）。最佳点（sweet spot）位于大企业区间，数百个大企业客户中的每一个都能带来数百万美元的收入。思科、IBM、SAP、埃森哲、甲骨文都是以复杂系统为主导的公司。

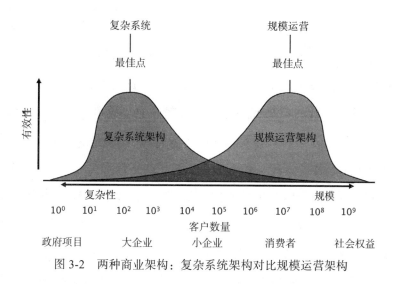

图 3-2　两种商业架构：复杂系统架构对比规模运营架构

2. **规模运营架构**专于处理零售产品或服务交易，满足大众的日常需求，包含社会权益（客户是数亿公民）、消费品和服务（客户是数千万消费者）、高度标准化的产品和服务（客户是数万个家庭和小企业）。最佳点位于消费者市场，数以百万计的消费者按周或按月购买产品或服务，每一次交易都能带来几十美元的收入。苹果、诺基亚、Facebook、Zynga、索尼、Twitter 和谷歌都是以规模运营为主导的公司。

我们曾在《哈佛商业评论》撰文介绍这两种商业架构（"Strategy and Your Stronger Hand"，2005 年 12 月刊），我们的作品《公司进化论》第 3 章对此也有详细讨论。在论述中，我们提出了以下核心观点：所有市场都围绕这两种商业架构自行分化为两大阵营并分别产生市场领导者；随着时间的推移，规模运营将会蚕食复杂系统的领地，迫使复杂系统朝着更复杂的方向演化，开辟下一个市场前沿阵地。

在竞争中，我们要缩小竞争集合，限制竞争对手的数量，集中公司力逐一击破。记住：客户在购买时会货比三家，但是它们从来不会拿不同阵营的产品或服务进行比较。它们要么选择复杂系统，为定制化解决方案付费，要么选择规模运营，通过购买标准化的产品和服务来省钱。因此，如果你是一家想购买信息系统的大型企业，你要找的公司是SAP或甲骨文，而不是Intuit或微软。如果你是一家想购买计算机的小企业，你会考虑选择PC或Mac，而不是惠普Linux服务器或EMC存储设备。小企业不希望IBM的销售代表给它们打电话，Frys家电连锁店的半价优惠券对大企业也没有丝毫用处。

也许你的商业架构不是百分之百的复杂系统，也不是百分之百的规模运营，但归根到底，你必须向客户和合作伙伴明确你侧重于哪一种。复杂系统的业务主要是系统和项目；规模运营的业务主要是产品和交易：哪一种更能反映你的经营意图？

无论你选择哪一种，最清楚的判断方式是看你的竞争集合包含哪些公司。我们在上文批评Sun公司，因为Sun公司是一家复杂系统公司，却将规模运营架构的微软作为竞争对手。毫无疑问，现在微软已经全面占领了Sun公司的所有市场，但Sun公司消亡的根本原因不在于微软的侵蚀，而在于它无法开发出更复杂的解决方案。面对IBM和惠普自上而下的挤压、微软和英特尔自下而上的逼近，Sun公司陷入了一个无人地带，希望在云计算找到第三种商业架构，但无疾而终（这也证明了我们的观点：不存在所谓的第三种商业架构）。因此，如果你在商业架构的问题上含混不清，被弄糊涂的不仅仅是客户和合作伙伴，还有你自己的员工。

确定了你侧重的商业架构之后，接下来你需要把握竞争环境的第二个维度：找准自己属于竞争市场上的哪一个梯队，就像高尔夫锦标赛要分组进行或业余网球赛事要分级别举办一样。在市场竞争下，竞争者逐渐分化为三个梯队，如下所示：

- **第一梯队：处于行业顶层的市场领导者。**例如航空业的联合航空公司、美国航空公司或西南航空公司，汽车业的丰田、通用汽车或戴姆勒公司。
- **第二梯队：参与竞争的其他品牌企业。**例如航空业的达美航空公司、阿拉斯加航空公司（Alaska Airlines）或全美航空公司（US Airways），汽车业的本田、日产或奥迪公司。
- **第三梯队：剩下的不知名企业。**例如航空业的阿罗哈航空公司（Aloha Airlines）、内华达航空公司（Air Nevada）或自由航空公司（Freedom Air），汽车业的铃木（Suzuki）、五十铃（Isuzu）或起亚公司。

要重点指出的是，销售伙伴、解决方案伙伴、供应商和客户都会自然而然地侧重于其中一个梯队，而且基本上会忽略其他两个梯队。一般而言，第一梯队吸引的是想要稳妥的购买选择并愿意为此支付溢价的客户，第三梯队吸引的是想购买商品并寻求最低价格的客户，而第二梯队吸引的客户想购买非同寻常而且符合其特定需求或品位的产品，即人们所说的"理性人的选择"。

虽然三个梯队可能在其边缘处有所重叠，但它们的中心点是分开的，各不相同，不需要比较。也就是说，虽然你可能与另一个梯队的公司间接竞争，但只有来自同一梯队的公司与你直接竞争。即使你有野心爬升到上一个梯队，你也必须首先与当前梯队的其他公司拉开明显的差距，这样才能逃离当前梯队的引力场。

现在，你已经确定自己侧重于哪一种商业架构，也明确了自己属于哪一个梯队，此时竞争集合的大小可能已经缩减了 80%，只剩下人们真正拿来与你比较而且你也确实打算取而代之的几家公司。一般来说，在这几家公司里，其中有一家明显是你的替代者。这家公司默认就是你的**参照竞争对手**。你可以选择接受这种一对一竞争关系，也可以选择重新定位，选择另外一家公司作为参照竞争对手。选择哪一家公司作为参照竞争对手将会决定你的**定位战略**的核心。

参照竞争对手是一个陪衬物，用来衬托你的战略差异化。我举一个以前的简单例子吧。在小型计算机、大型计算机和巨型计算机的时代，一家名为 Convex 的计算机公司推出了一款性价比极高的产品。公司面临一个决策：是将新产品定位为超级小型计算机，还是迷你巨型计算机。事实证明，不同的定位所产生的差异是巨大的。如果选择定位为超级小型计算机，那 Convex 公司的参照竞争对手将是当时小型计算机的市场领导者美国数字设备公司（DEC），面临的挑战将是保持研发领先。如果选择定位为迷你巨型计算机，Convex 公司的参照竞争对手将是巨型计算机的市场领导者克雷公司（Cray），面临的挑战将是开辟规模足够大的市场来支持公司的增长。可见，选择不同参照竞争对手的区别是极大的。那么，你最想吸引哪些合作伙伴？你最想吸引哪些客户？哪个子品类能够为你创造最好的未来前景？这就是定位战略要考虑的问题。（以下信息仅供参考：Convex 公司选择了迷你巨型计算机的定位，顺利地跨越了鸿沟，但是落入了保龄球道的球沟，最终在 1995 年被惠普收购。）

再举一些近期发生的例子吧。以下每一个例子的情况都是一样的：一家公司瞄准了一个参照竞争对手，这个竞争对手在某些应用场景中是公司的一个势均力敌的替代者，同时又是一个完美的陪衬，用来突出公司对核心（推动公司达到换轨速度的业务）的战略定位。

- **高知特公司**（Cognizant）是过去十年里发展最快的全球 IT 服务供应商。该公司原本选择的参照竞争对手是印度同类公司中的佼佼者印孚瑟斯公司（Infosys），目的在于分享印孚瑟斯公司在技术创新方面的声誉，同时又以满足客户不同需求的服务与之区分开来。但是，现在高知特公司的营收迅速赶上印孚瑟斯公司，所以高知特公司决定把参照竞争对手更改为埃森哲公司，以此表明其有意爬升到这个市场的第一梯队。此时，该公司希望在创新和思想领导力方面实现差异化，将自己重新定位为一家引领商界对话、率先提出解决方案的公司。

- MySpace 和 hi5 是全球第二和第三大社交网络。在 Facebook 成为社交网络品类霸主之后，MySpace 和 hi5 不得不重新定位，因为除了 Facebook，其他社交网络产品已经没有了生存空间。因此，MySpace 把重心转向娱乐，尤其是音乐，不过尚未找到参照竞争对手。而 hi5 则开始进军社交游戏领域，默认的参照竞争对手是 Zynga。同样，有了竞争对手作为参照，生态系统的每个成员都会知道你的公司在做什么产品，这一点在你改变赛道时尤为重要。

- 在科技繁荣时期，**戴尔**先是以康柏为参照竞争对手，后来改为惠普，而且都获益颇丰，既分享了两家公司在质量和可靠性方面的品牌声誉，又展示了自身不一样的商业模式。然而，在过去的十年里，随着行业的整合，惠普成为以个人电脑产品为核心的参照竞争对手，因此戴尔开始被认为只是一家经营商品化规模运营品类的公司。所以，在过去的几年里，戴尔一直在重新定位，想方设法突出其复杂系统能力，最重要的举措是收购佩罗系统公司（Perot Systems）。现在，戴尔定位的参照物是惠普的复杂系统和企业级产品。当年的 Dell Dude 广告早已成为历史，现在的戴尔已经不一样了。

- 当卡罗尔·巴茨（Carol Bartz）出任首席执行官时，**雅虎**陷入了与谷歌的竞争，根本无法获胜。她决定将搜索业务卖给微软，摆脱公司被拿来与谷歌做比较的困境，并将公司的重心放在媒体业务上。在此，她面临着一个挑战：数字媒体领域极其分散，雅虎甚至无法找到一个相称的直接参照竞争对手。不过，Facebook 很可能会发展成一个参照竞争对手。如此一来，雅虎就能够展示其核心差异化：媒体聚合资产。

总而言之，我们讨论竞争集合是为了简化讨论战略差异化的背景。除此之外，讨论竞争集合还有一个额外的好处：与摆脱一大群形形色色的竞争者相比，摆脱一个界限分明的品类的引力场更加容易，而且最好是以单一参照竞争对手为代表。

你踏上的差异化之路是一条"起点—终点"弧线，你的参照竞争对手就是这条弧线的"起点"。你把起点看得越清楚越好。然后，你需要把"起点"与自己要到达的"终点"连接起来。那么，你手中有何法宝，能让你打造出无可匹敌的产品和服务呢？要回答这个问题，你必须明确公司的核心。

明确核心：有哪些差异

你想获得明显的、可持续的差异，增加与客户和合作伙伴的议价能力，实现更高的收入、更大的利润。你的想法确实很好，但是，如果你的想法真的实现了，大家就得花更多钱才能购买你的产品，那大家凭什么要配合你，帮你实现这个想法呢？通常情况下，大家都想要价格更便宜、交付更快、质量更好的产品。只要你留在一个彼此可替代的竞争集合里，大家的这个目标就能够实现。现在你却想摆脱竞争集合，那你要怎么做才能得到大家的支持呢？

好吧，事实证明，大家也不是总想要价格更便宜、交付更快、质量更好的产品。如果品类的发展方向保持不变，大家就想要价格更便宜、交付更快、质量更好的产品。如果个人电脑品类的发展方向仍然是系统过于复杂、使用难度极高，那我就会想要一台价格更便宜、交付更快、质量更好的个人电脑。可是，这也不是我真正想要的。我真正想要的是个人电脑品类彻底改变发展方向，这也是全世界想要的，大家对苹果 iPad 的狂热追捧就是证明。问题在于，你要把你的核心聚焦于何处——如果聚焦于维持现状，那你就得提供价格更便宜、交付更快、质量更好的产品，这是必需的，没有什么好争论的；如果聚焦于开辟一个新的发展方向，也就是说，你要在一张空白的画布上作画，这确实需要进行更多讨论。

要开辟一个新的发展方向，你得具备无可匹敌的核心能力，能够创造出令客户无法抗拒的新产品。新产品都以公司独一无二的核心能力为依托，如表 3-1 中的例子所示。

表　3-1

公司	核心能力	代表产品
苹果	用户体验设计	iPhone
IBM	技术研发	Watson 解决方案
谷歌	快速创新	Android 操作系统
甲骨文	成熟市场并购	ERP 合并版
亚马逊	颠覆性创新	弹性云计算
皮克斯	动画故事创造	《玩具总动员》

表 3-1 中的每一家公司都与其竞争集合拉开了巨大的差距，进而改变了所在品类的购买基准，即客户评估品类的标准。

实行一个如此雄心勃勃的品类发展计划，必须以你的核心能力为依托。换句话说，凭借你独一无二的核心能力，这个品类将朝着更好的方向发展，其成果将会使你的目标客户和合作伙伴都深感满意，所以它们会竭尽所能地支持你的计划，为你取得成功助一臂之力。那么，到底你有什么东西如此强大，能让你得到他们的支持呢？答案就是你的"皇冠明珠"。

　　"皇冠明珠"是你公司独有的企业能力，不但能为公司创造价值，而且能防御竞争对手。如果得到适当的开发和强化，就可以创造出可持续的竞争优势，使你在竞争中脱颖而出，与竞争对手拉开明显的竞争差距。"皇冠明珠"的比喻并不严谨，这是我们有意为之。根据我们的经验，企业能力类型众多，本质上可能各不相同。在此，我们总结了比较常见的几个类型：

- **技术**。这类"皇冠明珠"几乎都有专利，确保可以防御竞争对手，例如每一种专利药物的分子结构，还有谷歌的搜索算法、惠普的喷墨打印、思科的互联网操作系统。

- **专业知识**。这类"皇冠明珠"不能申请专利，但是十分稀缺，又难以获得，一般属于商业机密，例如苹果公司的设计、英特尔公司的半导体工艺、SAP 的业务流程，还有埃森哲公司的客户域（customer domain），这是埃森哲公司开发垂直市场产品必不可少的专业知识。

- **平台产品**。你把这类"皇冠明珠"卖给业内同行企业，它们通过你提供的平台布局产品。拥有一个专利平台产品，就意味着拥有了巨大的公司力，就像微软的 Windows 操作系统、甲骨文的关系数据库、高通的 CDMA 技术一样。

- **忠诚的客户群**。依靠忠诚的客户群，苹果公司即使在不景气的年份也依然屹立不倒；因为热情的乐迷众多，美国的 Grateful Dead 乐队成为娱乐圈有史以来上座率最有保证的摇滚乐队之一。2010 年，泰格·伍兹（Tiger Woods）的球迷大量流失，随后他的净资产也大幅下跌，这可不是什么巧合。

- **规模**。规模最大的企业往往也是最厉害的企业，特别是在跟供应商谈判或者竞争对手发起价格战的时候，规模能够发挥巨大的作用。沃尔玛长期拥有"规模"这一颗"皇冠明珠"；作为目前世界上规模最大的电脑公司，惠普才刚刚把这颗明珠收入囊中。

- **品牌**。即便是投入重金打造的营销信息，也会被促销活动的噪声淹没，在消费者市场尤其如此。因此，拥有一个家喻户晓的品牌是巨大的优势，即便到了需要更新的时候，品牌的优势仍然存在。像 AT&T、百威、Flickr 和 YouTube 这样的品牌，即使在易手之后，也仍然持续产生价值。

- **商业模式**。当大家都固守陈旧的商业模式时，新商业模式的出现往往会产生巨大的影响，比如联邦快递公司对快递服务的影响、西南航空公司对航空旅行的影响，还有 Salesforce.com 公司对企业软件的影响、Mozilla 公司对浏览器的影响。

你的"皇冠明珠"是什么呢？你到底有没有"皇冠明珠"呢？它们是否足够强大，能够实现你提升公司力的目标？如果你对它们进一步投资，它们会不会变得更强大？执行官团队的全体成员都必须对这些问题做出回答，而且必须达成一致。只有如此，你才能达到换轨速度。这个道理十分简单，问题也很清楚，但是思考这些道理和问题会引发焦虑和不安，处理起来可能会很复杂，也具有迷惑性。但无论遇到什么困难，你都必须克服，这就是公司力战略的起点。

市场需要你成为什么样的公司，而你凭借自己的"皇冠明珠"能够变成什么样的公司？也就是说，现在有一种新出现的、对你公司的命运至关重要的市场需求，你是否能够打造出一个前所未有的新产品来满足这个需求？市场需求与新产品的精准对接之处，就是你的核心。核心是公司力的本质，核心决定了你从哪一个方向逃离引力场。在核心的处理上，你首先要做好领导，设计一个绝对与众不同的新产品，然后进行管理，在不违法的前提下想方设法为新产品筹措资金。

让我们看看几个近期的案例吧。以下几家公司都希望利用自己的"皇冠明珠"改变现有品类的发展方向，结果让它们的目标客户和合作伙伴都感到非常满意。

- **Adobe 公司**。现在，计算机自助服务系统已经无处不在，几乎遍布社会的每一个角落，但这种自助服务系统经常莫名其妙地出问题，让人不胜其烦，甚至宁可不用。Adobe 公司的"皇冠明珠"是出色的用户体验设计、丰富的互联网应用开发工具和完善的企业工作流。Adobe 公司计划集中这几个方面的优势开辟一个新的发展方向，全力打造一个名为"客户融合管理"（Customer Engagement Management，CEM）的新系统，帮助企业客户取悦消费者而不是让他们感到困惑。
- **思科公司**。数字通信技术迅速运用到众多领域，但每个使用领域都是互不相干的孤岛——桌面电话、手机、短信、即时通信、电子邮件、语音信箱、网络会议、视频会议。我们希望所有这些领域都能无缝连接、互联互通，但这并不是数字通信行业目前所处的发展轨道。思科公司利用其"皇冠明珠"——网络平台，打造出基于协同网络架构的统一通信系统（Unified Communications，UC）。

- **Compuware 公司**。在数据中心应用建立几十年后，互联网应用才发展起来。因此，互联网应用与数据中心应用的连接不太顺畅，虽然每个域都有许多工具支持，但应用性能管理人员很难对应用进行端对端监测。Compuware 公司有两颗"皇冠明珠"：互联网监测软件 Gomez 和数据中心监测软件 Vantage。公司把两者联结在一起，创建出一个端到端的应用管理平台。

以上三家公司就是很好地利用"皇冠明珠"实现换轨的例子。但是，对于"皇冠明珠"从何而来，这些例子并没有做出回答。要得到"皇冠明珠"，执行官团队需要进行极不对称的押注，这也是我们接下来要讨论的问题。

通过不对称押注提升公司力：如何创造差异

要与竞争集合拉开差距，要形成明显的、具体的差异，我们需要采取"先做领导，再做管理"的策略。

所谓"先做领导"，就是在你埋头于上一年的运营计划之前，先对你的核心进行一次极其不对称的押注。我们总结了几项"先做领导"的最佳实务，如下所示：

1. **一开始要取得高层的全力支持。** 首先要明确：在进行不对称押注时，团队的所有成员都要参与其中，大家都在同一条船上，不能有旁观者，人人都必须倾尽全力。如果团队中有人持保留意见，无法全力以赴，那就必须换人。如果真的要换人，那最好是在一开始的时候就换，这样做对团队的每个人都有好处。

2. **发布愿景和路线图，将你的核心昭告天下。** 愿景的主角不是你的公司，而是一个品类的新发展方向，一个能够取悦客户、吸引合作伙伴、激励员工的方向。路线图的主角才是你的公司，要强调你的公司将如何借助自己的"皇冠明珠"和不对称押注，打造出能够改变竞争格局的产品或服务。

3. **破釜沉舟，不留退路。** 没错，公司确实制订了备用方案，但这不是为当前的领导团队准备的。如果失败了，领导团队就会被解雇。或者像古希腊人常说的那样，要么凯旋，带着盾牌回来，要么战死，躺在盾牌上被抬回来。

4. **优先为核心提供资金。** 核心的资金保障要提前解决，不要列入日常管理事项。一切以核心为先，不断审视核心的需要并及时予以满足，确保与竞争对手拉开必要的距离。也就是说，在实际操作中需要进行两次运营审核（ops review），一次是核心的运营审核，一次是非核心的运营审核，两者不能混在一起。

5. **将"不惜一切"作为核心的资金和人员配置标准。** 千万不能让核心出现资源短缺问题。如果达不到换轨速度，不但白白浪费大量的资源，而且会产生巨大的机会成本。因此，一旦任务开启，你就得全力以赴，不惜一切代价，确保核心的所有需求都得到满足。在这个时候，小心谨慎、稳扎稳打反而是最危险的。

6. **以在主要市场触发引爆点为成功标准**。公司要全力以赴实现这个目标。团队的领导要为触发引爆点负责，一定要全垒打才算成功。一垒安打、二垒安打都不行——你必须竭尽全力把球击出外野。换言之，你必须改变整个品类的购买基准。

作为领导者，史蒂夫·乔布斯极负盛名，有趣的是，比尔·盖茨也是一个优秀的领导者，但是他并没有得到同样的评价。乔布斯的领导力来自想象力，而盖茨的领导力则源自强大的事实基础，通常是基于对参照竞争对手的深刻理解。这个竞争对手就是他要超越和淘汰的公司，例如 Lotus、WordPerfect、Ashton-Tate、Aldus、Novell、苹果和 Netscape——在鼎盛时期，这些都是赫赫有名的第一梯队企业。郭士纳（Lou Gerstner）领导 IBM 完成了历史性的转折，约翰·钱伯斯领导思科走出了互联网泡沫破裂后的萧条时期，拉里·埃里森（Larry Ellison）领导甲骨文完成了企业 IT 业务从持续性增长到周期性增长的转变。

下面我们来讨论管理问题。管理是对领导力的必要补充，但不能取代领导力。曾经，苹果、戴尔、嘉信理财和星巴克的股东试图让公司从"领导为先"的模式转变为"管理为先"的模式，但都失败了。你必须先做领导，再做管理。也就是说，执行上述与核心有关的最佳实务比完成上一年运营计划的目标任务更加重要。换言之，你需要制订一个新的运营计划，一个与新的核心保持一致，同时充分考虑和平衡整个目标任务组合的运营计划。这不是一项容易完成的任务，但同样有一些最佳实务可以借鉴。

要克服昔日路径的引力，就必须把自己从原有产品的束缚中解放出来，这项任务的主要挑战在于运营。有些产品业绩表现平平，甚至微不足道，但维持任何一个都需要占用一定的资源。可能正是因为某一部分资源被占用，才导致你逃离引力场的努力功亏一篑。单独一个这种产品看似无伤大雅，但是它们集中起来就会将你裹挟其中，让你不得不做出妥协，导致你原本为核心准备的资源也遭到剥夺。

那么，如何才能摆脱已经边缘化的原有产品呢？以下内容摘自我们为咨询客户提供的作战手册，经过客户实践检验，证实是行之有效的举措。在讨论产品力的章节，我们还会针对其中几项举措做详细介绍。

1. **调整组织，突出核心**。把核心投资项目当作加强版的第二轴项目，全公司上下开足马力，使项目在最短的时间内迅速达到第一轴项目的重要性。同时，为采用新产品的早期客户提供最好的服务，在新产品能够改变市场格局之前严格限制销售范围。关键任务由一位主管统一领导，任务目标是达到一个能得到市场验证的引爆点。通知所有职能部门当前它们的首要任务是支持核心，并在薪酬计划中增加体现支持核心的考核指标。

2. **为表现最好的产品线提供充足的资金和人员**。给这些产品线安排更多工厂资源，这是肯定的，但更重要的是现场资源。与其在竞争力不强的产品上浪费时间，不如将销售人员集中到能在竞争中胜出的产品上。长尾产品或传统产品往往销售业绩不佳但要求十分苛刻，销售人员不必为此分散精力。仅仅依靠胜出的产品，你就可以完成明年100%的销售定额。其实，完成销售定额只会变得更容易，因为市场会告诉你哪些产品最值得押注，而你也会把全部的时间都投入押注的产品。

3. **核心以外的业务一律优化**。长尾产品通常是第一轴的墨守成规型产品和第二轴的失败产品。这些产品不是资产，而是负债。既然如此，那就把它们作为负债进行管理。可以肯定的是，每一个长尾产品都有支持者，公司内部有，公司外部也有，所以长尾产品要妥善处置，不能掉以轻心。无论如何，你必须主动做好管理，否则它们就会反过来要挟你。

4. **重新安置负责长尾产品的人员**。不要因为他们曾经在长尾产品线工作而惩罚他们，不要丢弃他们的才能。相反，将他们重新分配到最重要的产品线上，或让他们负责优化传统长尾产品。

5. **从外部招募高管，打破内部人情网**。所有公司都存在内部人情网。这是一位中层管理人员多年来建立起的人情系统，在这个项目上我帮你一把，在那个项目上你放我一马，彼此之间便形成了互欠人情的关系。这种环环相扣的人情关系构成了一张无处不在的人情网，公司的每一个角落都存在制度特权，把资源牢牢地锁定在低回报的项目上。要打破这张人情网，只有一个办法：从公司外部招募一位高级管理人员，由他来宣布以前所有的人情债都一笔勾销。同时，根据执行新核心路线图的需要以及合理化长尾产品的资源配置，建立一张新的人情网。原来的内部人情网遭到破坏，肯定会导致一些不愉快的事情，但是现在老前辈们也有了一个合理的推诿理由："我也想放你一马，但他们不让啊！"不过，这样的阶段总会过去，只要大家看到新项目开始取得成功，一切不愉快都会烟消云散。

小结

如你所见，要创造公司力，关键在于两个方面：一是领导层有勇气对核心进行不对称押注，二是管理层有能力执行核心，同时要兼顾传统业务。这种不对称押注将会持续多年，甚至可能长达十年，远远超过公众投资者喜欢的投资期限。因此，创造公司力需要董事会和最高管理层在首席执行官的领导下承担巨大的风险。在漫长的投资期内，短期业绩可能有时候达不到预期，引发公司股价动荡，公司也许会因此陷入困境。这就是坚持长期不对称押注的风险，你是否愿意承担，你必须事先做好决定。如果坚持到底，长期投资的经济回报确实会超越短期投资，但如果一开始不惜代价，然后又半途而废，那你只会得到最糟糕的经济回报。

接下来我们将会介绍两个案例。在第一个案例中，首席执行官接手公司时，公司的业绩表现已经持续下滑一段时间，这让投资者非常失望。从一开始，他和董事会就要做出决定：是增加投资还是减少投资，或是破产清算？他们选择了增加投资。在 2001～2010 年，公司的业绩表现超出纳斯达克指数约 200%，比参照竞争对手高 150%。下面我们来看看他们是如何做到的。

案例：在 BMC 公司创造公司力（2001 ～ 2010 年）

BMC 公司的业务之一是向世界各地的数据中心提供管理软件。在传统上，数据中心管理软件一直属于产品类业务，每一个供应商的硬件都需要专门的终端产品来管理。BMC 公司的参照竞争对手是 CA 技术公司（CA Technologies），当时的名字是联合电脑公司（Computer Associates）。该公司通过收购老牌公司建立了强大的市场地位，不但可以削减下一代研发开支，而且获得了老牌公司的维护收入。此外，该公司还拥有一支服务全球的销售团队销售丰富的产品组合。

相反，BMC 公司的经营模式是挑选一套最佳产品组合，在产品层面与对手进行有效竞争，但并没有将产品集成为套件。BMC 公司也有一些优势，特别是在 IBM 大型计算机市场，而且分析师还将 BMC 公司列入 IT 管理软件四大巨头（其他三大巨头分别是 IBM、惠普和 CA 技术公司）。然而，BMC 公司的经营模式在销售方面缺乏增长杠杆——无论哪一种软件产品，都不会有人购买两份。结果，在千禧年之初，BMC 公司的发展明显落后于 CA 技术公司。

2001 年，鲍秉辰（Bob Beauchamp）接任 BMC 公司首席执行官一职。此时，BMC 的财务表现不佳，所以鲍秉辰的首要任务是"堵住漏水口"，防止业绩继续下滑。结果，这项任务足足花了三年时间才完成。郭士纳在接手 IBM 时也遇到同样的挑战，他选择了先完成堵漏，延迟发布愿景任务。与郭士纳不同，鲍秉辰选择同步推进，从一开始就为公司和品类提出了换轨的愿景。他表示，BMC 公司计划将集成创新应用于数据中心管理，开发出一套称为"业务服务管理"（Business Services Management，BSM）的软件，BMC 公司将提供端到端服务，对不同供应商和设备的 IT 运营进行监测、分析和修复，根据 IT 问题损害终端用户业务运营的严重程度来确定 IT 响应的优先次序。

这一表态宣告了公司的核心，为这个品类提出了一个新的发展方向，而且将 BSM 定位为整个品类的支柱。此时没有人将 BMC 公司视为市场领导者，BMC 公司在最终所需软件的市场份额也非常低。总之，BMC 公司的差距非常明显，甚至有竞争对手拿 BSM 调侃说："我们知道 BS 代表什么意思，但 M 代表什么就不好说了。"尽管无法在短期内兑现长期的承诺，但 BMC 公司还是将自己的核心昭告天下，并且朝着这颗北极星奋力前进，至少在 BMC 公司内部是如此。

经过短期的"堵漏"式改革，BMC 公司的现有业务已经转化为"赚钱机器"，为公司提供了追求长期愿景所需要的收购资金。一般来说，老牌公司拥有一定数量的装机客户，收购老牌公司马上就能获得维护收入。但是 BMC 公司打破常规，放弃收购老牌公司，而是收购更先进的软件资产，直接用于搭建实现 BSM 愿景所需要的端到端架构。简而言之，BMC 公司收购的目标是追逐"皇冠明珠"，有些"皇冠明珠"是有形的产品，有些"皇冠明珠"是无形的专业知识和高级管理人才。由于鲍秉辰宣布了宏大的 BSM 愿景，很多在收购时加盟 BMC 公司的高管在约定的盈利期结束之后仍然选择留在公司，继续为实现 BSM 愿景出力。截至撰写本章时，BMC 公司的首席技术官、销售主管和一个核心业务部门的主管都是通过收购引入公司的。

然而，直到支撑企业计算的基本要素发生改变，BMC 公司才开始取得突破性增长：首先，越来越多公司采用软件即服务（SaaS）的商业模式；其次，云计算开始成为一种基础设施。SaaS 的广泛应用给 WiPro、CSC 和印孚瑟斯等系统集成商带来了沉重的压力，因为这些公司的客户出于"少花钱解决麻烦事"的考虑，纷纷把数据中心交给系统集成商运营。因此，系统集成商必须想办法提升运营水平，其中一个方法是多租户运行客户服务应用程序，如 BMC 公司的 Remedy 软件，通过同一个应用程序实例为许多客户提供服务，这是以前的软件包根本无法做到的。

首席信息官也需要提升运营水平。例如，不同的 IT 团队需要临时安装测试平台，或者为重要的模拟任务预留计算能力，但每个应用程序实例的安装和卸载都需要大量的人工操作，而 BMC 公司的 BSM 架构将这一过程转化为一个自助服务、自我配置的实用程序，为所有相关人员免去了很多麻烦。

到了这十年的后期，管理型主机模式逐渐成为主流，提供云计算服务的公司不得不深度投资实用级内部基础设施。它们所需要的其实就是针对 IT 服务的企业资源计划系统。在这种背景下，数据中心管理软件就不仅仅是辅助角色，而是变成了一种杀手级应用，而 BSM 的新式端到端架构正好符合杀手级应用的要求。在这十年的后半段时间里，BMC 公司与竞争对手拉开了巨大的差距，其原因也在于此。

虽然 BSM 愿景能够适应两个外部的要素转变，是使公司扭转乾坤的不二之策，但要得到公司的全力支持，仍然需要非凡的领导力一锤定音。支持 SaaS 的业务开发是一个典型的第二轴项目，鲍秉辰为该项目任命一位总经理，并指定一位顶级销售人员专门负责销售工作。项目团队立下了军令状，无论付出什么代价都要取得成功。而且，鲍秉辰定期与团队开会，支持项目的具体工作，鼓励总经理在会上把一切阻碍项目进展的问题都提出来，项目员工的任务就是尽一切努力加快新业务的发展步伐。这一切对于跨越第二轴鸿沟起到至关重要的作用。

转向云计算的决策更加艰难，因为云计算商业模式将会吞噬原有的数据中心模式，而数据中心模式正是 BMC 公司乃至整个行业过去几十年历史的根基。让整个执行官团队接受新的愿景和方向是至关重要的，据鲍秉辰回忆，在一次重要会议上，通常只支持第一轴产品的销售主管忽然说："如果我们赶不上这一波新潮流，几年后我们就完蛋了。"其他与会者纷纷点头称是，鲍秉辰马上抓住时机，将大量资源重新分配给云计算项目。但这位销售主管随后指出，如果只依靠剩余的资源，他无法提高销售效率，如果公司减少第一轴的人力资源，虽然他也完全支持公司的决定，但是公司的短期业绩恐怕会岌岌可危。于是，鲍秉辰当场决定，除了肩负销售定额的第一轴业务招募销售代表，其他所有业务部门暂停招聘。最终，公司的季度业绩目标顺利达成，而且公司成功地跨越了过渡期。

现在，这十年已接近尾声，BMC 公司终于首次拥有了一款端到端套件，实现了其 BSM 愿景。从宣布 BSM 愿景，到完成 BSM 软件，BMC 公司走过了一段十分漫长的旅程，股票市场直到这十年过半才真正认识到这一点。因此，BMC 公司是一个非常好的例子，说明了执行"先做领导，再做管理"战略所需的领导毅力和管理实力。

案例: 在 Rackspace 公司创造公司力（2000～2010 年）

另一个成功创造公司力的案例是 Rackspace 公司。Rackspace 公司是一家主机托管和管理服务供应商，主要客户是中小型企业。

主机托管服务自然是要朝着商品化方向发展的。客户希望以更低的价格签署达到标准化服务水平的托管协议，托管服务供应商则希望通过高度标准化甚至完全自动化的流程实现规模经济。遗憾的是，供应商很难如愿以偿。IT 行业变化太快，系统接口的排列组合太多，无法支持这样的结果，除非是受到严格控制的垄断行业——例如电话公司或有线电视公司。在非垄断行业，这是不可能的。那么，面对不可商品化的服务与不可避免的商品化价格的矛盾，托管运营商该如何应对呢？

其实，在管理型托管服务热潮开始之初就有了一套应对策略：①以商品价格出售来保障增长；②尽量限制客户服务，以保持利润空间。管理型托管服务一般采用以下商业模式：如果客户选择包月服务，每月的费用为 30 美元；如果客户选择按次付费，平均一次客服电话的费用为 50 美元；如果电话时长超过 20 分钟，费用则为 100 美元。在这种商业模式中，第二种策略至关重要。显然，限制客户服务的策略会让客户不满意，导致客户流失率较高。对此，以前有一种应对策略：提高客户获得率，开发出有价值的新产品，把问题转移到下游解决。

这就是 Rackspace 公司在 2000 年采取的竞争策略，但是结果人人皆知：公司在竞争中一败涂地。事实上，随着互联网泡沫破裂，Rackspace 公司发现自己剩下的现金只能维持 90 天，公司每个月都消耗大量现金，但是公司前景黯淡，缺乏融资的现实基础。这就是人们所说的"濒死体验"。

其实，人人都很清楚问题所在——公司赖以立足的产品已经失败，公司必须来一次重启，而且要立即重启，一刻也不能拖延。因此，由首席执行官拉纳姆·内皮尔（Lanham Napier）领导的管理层决定放弃失败的流程，并马上明确宣布将采用一种全新的方法来创造公司力。

这个新方法是基于差异化原则，提供管理型托管行业最好的客户服务，绝对是无人能及。这就是公司要创造的新核心能力。当被问及如何定义这一新标准时，一位技术支持代表说，"极致的客户服务"（fanatical customer support），这个说法就这样流传开来。公司的客服代表现在被称为 Rackers，他们负责解决客户在合约期内遇到的一切问题，必须不惜一切代价予以解决。就这么简单。

果然，由于该公司新产品的特殊性，新的客户服务项目一经推出就得到了客户的好评，而且更重要的是，客户用钱投了一票。公司的客户流失率急剧下降，公司在 120 天内就实现了盈利。现在，Rackspace 公司的员工已经从一开始的 300 人发展到 3300 人，实现营收近 10 亿美元。简而言之，结果令人非常满意。究其原因，关键在于核心明确：公司制订了一套方案，在首席执行官的支持下逐步推进，最终达成核心的目标。那么，该公司的领导层具体是怎么做的呢？

首先，领导层召集全体员工进行一次开卷管理会议，向全体员工公布关键资料，毫不保留，让每个人都清楚地知道公司当前的情况。然后，领导层宣布，公司的新核心更改为"极致的客户服务"，立即生效。同时，他们提出新的招聘标准——招募技术能力和服务意识都比较突出的人才。随后，领导层每月举行开卷管理会议，让大家了解任何一点变化给公司带来的影响。领导层还修改了业绩跟踪指标，强调影响客户满意度的事项，比如电话铃响了多少次才接听。事实上，领导层采用了弗雷德·赖克哈尔德（Fred Reichheld）倡导的净推荐值分析方法，根据以客户满意度为中心的宗旨，改革了公司的整个管理系统。此时，弗雷德·赖克哈尔德加入了公司的董事会，这并非偶然。

以上只是开始而已。此后不久，公司设立了一个名为"魔术师"（straitjacket）的奖项，用来表彰前一时期把客户服务做到最极致的客服人员，获奖者由所有客服人员投票决定。"魔术师"奖一直持续到今天，在公司会议上颁发，经常有获奖者亲属从外地飞来参加颁奖仪式，颁奖过程十分感人，现场无人不为之动容。公司的规模已经增长了一个数量级，遍布全球的主机托管业务全天候不间断运行。在这种情况下，公司怎么召开每月一次的开卷管理会议呢？答案是：在同一天中分别在上午 10 点、下午 3 点和晚上 10 点举行三次会议。如此一来，每次会议的参会人员都可以实时从同样的发言者处听到同样的内容，就算身处世界不同的角落，他们了解的关键信息也并无不同。

　　"极致的客户服务"作战手册还有最后一项值得注意的内容：扬长避短的管理原则。如果你被 Rackspace 公司录用，你先要参加性格测试，从 40 个长处中找出你最大的 5 个长处。然后，Rackspace 公司的管理人员会根据你的长处来安排你的工作任务，而不是关注和补救你的短处。这种做法释放出来的正面影响力之大，不容低估。Rackspace 公司核心战略的成败，取决于员工是否时时刻刻保持乐观精神和机敏。可以说，扬长避短的管理原则对公司最终实现核心目标发挥了至关重要的作用。

　　总的来说，Rackspace 公司的成功，归根结底是因为"极致的客户服务"，就这么简单。正因为简单，才使人印象深刻。通过全力以赴地对"极致的客户服务"进行投资和创新，公司在竞争中脱颖而出，与竞争集合拉开了巨大的距离，并且重新定义了所在品类的购买基准。

Escape Velocity

第 4 章
市场力：利用转型时期的市场

　　市场力就是企业在某一特定细分市场的公司力。在这个细分市场中，你就是头牌，是池塘里的大鱼。事实上，衡量市场力的最佳标准是鱼在池塘里的占比，抢占目标细分市场新增销售的 50% 只是达到了进入市场的目标，占比达到 80% 才是可持续的稳定状态。在目标细分市场这一亩三分地里，你一定要成为客户首选的供应商。

　　因此，在互联网搜索领域，谷歌在全球范围内首屈一指，但在中国并不是，中国的市场领导者是百度。在社交网络领域，Facebook 是全球范围内的市场领导者，但西班牙语国家的市场领导者是 hi5，巴西的市场领导者是 Orkut。在这些细分市场中，全球领导者的市场份额不是比较低，而是非常低，甚至低到可忽略不计。在每一个细分市场，客户都优先选择本地供应商。这种客户偏好为本地供应商筑起一道篱笆，从根本上改变了细分市场的发展态势。

这种程度的市场力一定能让你与品类竞争对手拉开巨大的差距。当你在一个细分市场具有强大的统治力，连客户和合作伙伴都自发排挤你的竞争对手时，你就真正具备了换轨速度。为什么会出现这种情况呢？为什么细分市场会赋予你如此强大的议价能力，让你获得远高于全球行业标准的利润呢？

主要原因在于细分市场的需求具有特殊性，因此希望且需要你予以特别关注。全球标准产品会想方设法满足某一特定品类的大部分市场需求，但从来不会不惜一切满足所有的市场需求。这部分需求要么留给客户自己解决，要么留给一些中间商填补空缺。在大多数情况下，这是没有问题的，但在某些领域，有时候细分市场需求很高，而且对产品的规格要求也很高，全球价值链根本无法满足需求。这就为企业进入市场创造了机会。如果你能抓住机会，开发出能够满足细分市场特殊需求的产品和服务，并建立一条专门的价值链，你就能以迅雷不及掩耳之势占领细分市场。这就是利基市场的回报。

美国硅图公司（Silicon Graphics）以及后来的 Sun 工作站正是以此方式迅速占领了可视化要求极高的细分市场，如油气开采诱发地震的处理、计算机辅助半导体设计、用户手册类的技术出版物、消费产品工业设计、特效电影等，而且其统治力持续了 10 ～ 20 年。以同样的方式，力科公司（Lecroy）的数字示波器成为核物理学家的首选仪器，惠普公司的 12C 计算器成为房地产经纪人的首选计算器，天腾公司（Tandem）的计算机成为零售银行自动取款机（ATM）的基础运行系统。

从以上例子可见，虽然利基市场可能有利可图，但其规模并不是特别大。因此，现在的问题是：细分市场战略在什么情况下是合理的，在什么情况下会得不偿失？

至少在以下 8 种情况下，细分市场战略可以让你得到一本万利的回报。

1. **使一项颠覆性技术得到市场采用**。这是典型的跨越鸿沟情景，其目标是通过首先占领一个细分市场作为滩头阵地，以此推动主流市场加快接受下一代颠覆性技术，例如 Lotus 的 Notes 应用程序占领全球咨询市场、蜂窝电话占领金融服务市场、网络附加存储占领高科技工程市场。

2. **渗透到一个新的地理区域**。无论你在全球其他地区有多强大，进入一个新的地区市场都像征服另一座山峰一样，要从山脚开始往上爬。想知道个中滋味，你可以看看谷歌进军中国市场的经历或者诺基亚开辟美国市场的经验。瞄准一个服务不足的细分市场，满足其端到端的所有需求，从而得到市场内部的支持，这是进军一个地区市场的好办法。只要你在新的地区市场占领了滩头阵地，只要你在该地区的某些细分市场拥有强大的参照群体，那你就有能力继续向该地区市场进军。这就是复杂系统供应商所采用的"先切入再扩张"（land and expand）战略。

3. **超越市场领导者**。我们都听说过这样一句话：如果你不是领头羊，你看到的风景永远只是领头羊的背影（When you're not the lead dog, the view never changes）。可是，跟在领头羊背后的你，怎样才能超越领头羊呢？你先要换到相邻的车道，然后再去超越。服务不足的细分市场正好提供了这个机会。当这些细分市场最终认定你一个供应商时，其消费率将会大幅超过整个市场，为你的专营产品带来巨大的发展动力。当然，要超越领头羊，你还要继续努力，但至少现在你已经不必再忍受它的"尾气"了。

4. 使公司转危为安。 当你的公司命悬一线时，你需要在市场上取得一次"不容有失"的胜利，并以此为支点扭转颓势，实现全面复苏。要解决这个问题，没有什么方法比进攻一个利基细分市场更有效。无论你这条鱼是大是小，是否健康，你总能找到一个池塘，让自己成为池塘中的主导物种，充分汲取池塘的养分，使自己恢复活力。例如，在苹果公司命悬一线的时候，Mac 电脑的忠实用户始终不离不弃，帮助苹果公司度过了最黑暗的岁月。同样，公共安全部门（Public Safety）也让摩托罗拉公司的网络产品在艰难时期生存下来。

5. 摆脱"中游"困境。 这跟"使公司转危为安"有点相似，但实际执行起来更加艰难，因为还没有到"命悬一线"的地步，缺乏"濒死体验"的刺激作用，难以激发攻击部队的斗志。特别是第二梯队企业，无论是客户、合作伙伴，还是自己的员工，任何一方它们都无法激励。每个人都认为第二梯队企业的存在是理所当然的，但没有人愿意为它们的产品支付溢价。可以预见的是，第二梯队企业的产品将缓慢但稳定地走向商品化，企业最终将面临被收购和解散的命运。然而，在这个衰减曲线的任何一个节点上，如果公司的管理团队能够制定细分市场战略，瞄准需求旺盛的利基市场，使公司的产品成为该市场的首选，公司就能重新掌控自己的命运。在美国总统选举中，无论是哪一个州，只要你赢得初选，你就能在提名总统候选人的全国代表大会上拿到代表票。如果你在初选的得票数仅处于中游，那你就一张代表票都拿不到。

6. **利用千载难逢的利基市场机会。**不要忘记那些很不错的利基市场，包括制药、电信、投资银行、石油和天然气、汽车、医疗保健服务等。无论什么时候，任何公司，无论大小，都希望在这些利基市场中占据领导地位。这些利基市场高度集中，只有少数几家公司耗费巨资研发下一代设施和工具。而且市场进入的壁垒很高，一旦站稳了脚跟，退出的壁垒也很高。因此，你可以借助高价值的专营产品持续地经营下去，不必离开这个利基市场，就像塞纳公司（Cerner）在医疗保健市场、斯伦贝谢（Schlumberger）在石油和天然气市场、Sungard 公司在金融服务市场一样。

7. **发挥"精细化增长"的作用。**在《精细化增长》（*The Granularity of Growth*）一书中，迈赫达德·巴加伊告诉我们，随着市场逐渐成熟，产品进入商品化阶段，价值会从核心产品转移到其周围的附属产品，例如用于保障食品安全的测试和测量仪器，安全坚固、适合外勤和送货人员使用的移动计算机，还有用于监控收银台区域以防止盗窃的视频安全产品。利润池也随之转移到更愿意为特殊偏好支付溢价的利基市场。如果衡量增长的指标是营收和利润，而不是出货量，那么，越来越多的增长将来自专门针对利基市场机会的微型运营项目。

8. 利用转型时期的市场。在转型时期，整个细分市场的基础设施都遭到破坏，市场上的每一家公司都在寻找一个与新市场秩序相适应的避风港。在撰写本章之时，媒体和娱乐、金融服务风险管理、消费者服务呼叫中心、消费者广告、旅游和酒店等众多行业都处于痛苦的转型时期：一方面，传统的系统正在没落，即将遭到摒弃；另一方面，下一代系统尚未完全成形，难解燃眉之急。此时，如果有整体产品团队推出一个真正的端到端解决方案，这些行业一定会喜出望外，迫不及待想与之合作。尽管只是利基市场，但基础设施的整体替代还是非常有利可图的，即便是最大的市场领导者也应该有兴趣来分一杯羹。

以上都是你采取市场力战略的理由。不过，市场力战略也存在一些限制性因素。

首先，市场力战略在第一年是没有回报的。但只要你有足够的财力，而且有坚持下去的耐心和自律，那你在第二年的回报会相当不错，第三年的回报会更加可观。

其次，在复杂系统类企业实施市场力战略比在规模运营类企业实施更为有效。复杂系统类企业可以通过定制服务，随时开发出面向特定利基市场的整体产品，并根据不同客户的具体要求调节价格，从而建立较高的进入和退出壁垒，而且在整个过程中还能保持现金流。规模运营类企业则不然，要是产品销量较低，这类企业就赚不到钱，而且不能随时针对产品增加服务，价格也无法调节，因此更适合采用"赢家通吃"的模式。

再次，市场力战略为复杂系统类企业创造的收入能达到数千万美元，但是往往无法达到数亿美元的水平。即使扩张到相邻的细分市场，针对利基市场的市场力战略也很难创造10亿美元以上的收入，大多数都在5亿美元以下。如果是一个首次经历迅速增长的公司，甚至是规模几十亿美元、打算补充投资组合的大公司，这是相当不错的收入；但是，对于《财富》500强的前端企业来说，这种收入规模过小，不成气候，因此，这类企业更可能将市场力与公司力结合起来，制定一个创造有机增长的综合战略，再辅以一个或多个大型收购项目。

最后，实施市场力战略需要专门的执行人才，包括一些目前公司根本没有的关键人物。所以，你必须从外面聘请专业人才。但是，聘请专业人才总是有风险的，尤其是招来的专业人才往往职位较高，且被授以重权，这很可能会让公司内部人员感到震惊，甚至会招致质疑。因此，在消耗这种级别的人力资本之前，公司内部一定要就实施市场力战略的必要性达成共识。

公司要仔细评估，权衡利弊，然后做出最佳决策。为此，我们总结了3条使细分市场战略收益最大化的核心原则。

1. **规模足够大，具有影响力。**如果你在一个细分市场领先于其他竞争者，比如说市场份额超过40%，你从该细分市场获得的收入必须对你的总收入具有重要意义，最好是占总收入的10%或以上。你可以按照这个比例算一算。如果你是一家价值1亿美元的公司，细分市场战略是使公司规模翻倍的好办法。Documentum公司就是通过实施细分市场战略，使公司的价值从3500万美元增长到3.5亿美元。如果你是一家价值 10 亿美元的公司，细分市场战略已经到了极限，对你来说作用已经不大。但是，你仍然可以利用细分市场战略来帮助颠覆性创新产品跨越鸿沟。例如，赛贝斯公司采用细分市场战略，将其颠覆性的关系型数据库服务器推向华尔街的金融机构，在顺利跨越鸿沟之后再扩张到整个数据库市场。

2. **规模足够小，能够拿得下**。这是市场占有率问题，用数学知识算一算就知道答案了。如果一个市场的规模已经达到几亿，而你是一个新进入者，此时实施细分市场战略往往是行不通的。但是，你可以从这个市场分割出一个高增长的细分市场，并集中力量将其攻下。例如，RIM 只选择了移动企业电子邮件用户作为目标细分市场，然后集中力量将其攻下，以此为跳板进入掌上电脑（personal digital assistant，PDA）市场。

3. **与你的"皇冠明珠"紧密契合**。除了引人注目之外，使用"皇冠明珠"还为细分市场引入一些独有的技术，绝对能让目标市场客户叹为观止，你的产品也一定会席卷这个细分市场。Gyration 是一家拥有微型陀螺仪技术的公司，后来被汤姆森消费电子公司收购。该公司开发出独有的移动鼠标技术，用户通过手势就可以控制屏幕，公司也因此成为专业演示市场的领导者。专业演示市场规模很小，但对当时的 Gyration 公司来说已经足够大。以此为跳板，该公司顺利进入了更宽广的无线鼠标和手势遥控器市场。

只要坚持这 3 条原则，你就能瞄准正确的市场机会。然后，你必须针对瞄准的细分市场执行市场力战略。接下来介绍创造市场力的作战手册，我们称之为"目标市场计划"。

创造市场力：目标市场计划

目标市场计划（target market initiative，TMI）是以占领目标细分市场主导性份额为目标，执行期跨越多个季度甚至多个年度的一套行动方案，其核心是一个包含 9 个要点的市场战略框架（见图 4-1）。

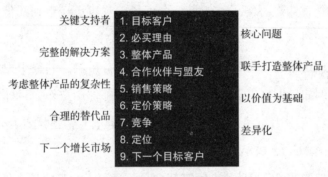

图 4-1　九要点市场战略框架

以这 9 个要点为目录框架，我们制作了一份主要面向复杂系统供应商的作战手册，它在过去 20 多年里已经帮助了我们很多客户创造市场力。该作战手册基于以下理念：细分市场就是一个口碑相传的圈子，里面的买家在做出购买决定之前会互相参考购买经验。作战手册提出以下目标：经过精心策划和运营，最终在目标市场触发一个引爆点，在客户、合作伙伴和第三方中迅速形成良好的口碑，使它们认为有必要采用一个新的解决方案，而且认为你的公司就是首选供应商。一旦达到这个引爆点，市场就会自动找上门来。如此一来，你的营销和销售成本将会大幅度降低，你的议价能力也会有所增加。这是一个非常美好的结局。

　　这是一套行之有效的行动方案。我们在前面提到过 8 种适合运用细分市场战略的情况，无论将这套方案运用于哪一种，都能取得很好的成效。如果是　家成熟企业，成效最好、回报最高的是第 8 种情况——利用转型时期的市场。处在转型时期的市场，客户的购买选择迅速发生转变，新晋的首选供应商（很少是既存企业）仿佛横空出世，瞬间把市场上的竞争对手杀得片甲不留，其新产品也笼罩着一个无往不胜的光环。这个光环还会辐射到其他市场，甚至是与目标市场不相邻的市场，比如苹果公司的 iPad。iPad 显然是一种消费产品，但它对企业 IT 的移动终端的影响也是颠覆性的。接下来，我们主要以转型时期的市场为例，详细讨论市场战略框架的 9 个要点。

目标客户和必买理由

　　创造市场力的旅程从瞄准一个转型时期的市场开始。处于转型时期的细分市场很多，我们要从中挑选一个。但是，公司的管理团队往往从一开始就误入歧途。事实证明，细分市场是一个相当棘手的概念。在你的企业和生态系统中，不同的群体以大相径庭的方式使用这个概念，结果导致大多数基于细分市场的战略都存在焦点模糊问题，因此无法达到预期效果。以下是两种细分市场的划分方式：

- 销售人员在定义"销售覆盖"和"销售区域"时使用"细分市场"这个概念。在这种情况下，潜在客户主要按规模和地域来划分。首先按照销售覆盖划分为全球客户、大客户和间接渠道客户，然后再按照地域进一步细分为纽约、美国东南部、德国或 EMEA（欧洲、中东和非洲）等销售区域。

按规模和地域的划分方法有利于明确销售覆盖责任和提成权益分配。但是，由此得到的"细分市场"并不具备建立口碑传播圈子所需要的社会结构。因此，这种划分方法对于实施目标市场计划并没有什么价值。引爆点策略的关键在于让潜在客户从三个或四个不同的来源得到相同的信息，而且都来自它们自己熟悉的圈子。"东南地区的大客户"只是销售团队自行定义的一个有界集合，并不等同于一个圈子。因此，销售区域一定会分散实施目标市场计划的注意力。实际上，实施目标市场计划反而经常会对销售区域造成破坏。

- 第二种方法是按子品类划分。Forrester 公司、Gartner 集团等行业分析机构就是按子品类追踪市场份额的。这些行业分析机构将个人电脑市场划分为服务器市场、台式机市场和笔记本电脑市场，每一个市场都是个人电脑的一个子品类。同样，《消费者报告》（*Consumer Reports*）或 J.D. Powers 等研究机构也会将汽车品类划分为豪华轿车、经济型轿车、卡车、SUV 等子品类。

如果要提升公司力，子品类的市场份额是一个非常有用的指标，但对于市场力没有用处。之所以没有用处，还是因为子品类市场与口碑传播圈子的社会结构并不一致。但是，要把细分市场领导者地位的认知广而告之，关键就在于口碑传播圈子。你拥有一台笔记本电脑或驾驶一辆 SUV，并不代表你属于一个由志同道合者组成的圈子。

那么，口碑传播圈子是如何形成的呢？一言以蔽之：社会性。具体来说，复杂系统 B2B 市场的社会结构是按行业、职业、地域三个维度来划分的。那就是：

- 娱乐业的执行官都认识或知道彼此，相对来说，他们不那么熟悉其他行业的执行官，比如汽车业。
- 首席财务官通常认识许多不同行业的同行，他们是竞争对手关系，经常相互竞争工作机会。
- 生活在英国、日本和法国的人更喜欢与来自同一个国家而且也讲英语、日语和法语的人互动——这有什么好奇怪的呢！

实施目标市场计划要取得良好的成效，最好形成行业、职业、地域三个维度能同时满足的口碑传播圈子。比如，常驻美国的、讲英语的娱乐业首席财务官——这就是一个紧凑的口碑传播圈子。当然，你可以给自己稍做"通融"，放宽其中一个维度（通常是行业维度）。即便如此，你仍然能够在细分市场创造市场力。例如，美国的销售组织机构市场（Salesforce.com）、美国的人力资源专业市场（PeopleSoft）、从美国和 EMEA 到全球的咨询市场（Lotus Notes）等。此外，在高度集中的行业，你可以放宽地域标准，比如制药、石油和天然气、航空航天和国防等行业都超越了地域界限。

这种在三个维度上的"通融"，为规模庞大的公司创造了实施细分市场战略的腾挪空间。大型公司也确实需要借助细分市场战略来发挥全球影响力的作用，从而全面提升自己的竞争力，并且在可接受的时间范围内取得实质性的效果。相比之下，你的公司规模越小，你选择的细分市场就得越紧凑。正因为细分市场的规模收得紧，大鱼才无法进入你的池塘。

最后，细分市场这一概念还存在一种误解：细分市场有明确、牢固的边界。如果不消除这种误解，你很可能在开始实施细分市场战略之前就已偏离正轨。当然，人们实际上知道现实世界并没有固定的边界，但是公司的执行机制，包括销售区域划分、销售薪酬方案、潜在客户开发等，都不约而同地推动组织对细分市场的概念进行简化。

这本来也是好事，只是销售团队天生就热衷于扩大销售范围，因此它们会不断地在现有销售范围的边界或距离边界不远的区域寻找机会。结果，公司把太多的时间、人才和管理注意力投入边缘案例上。最终，公司内部会因为边界问题而争吵不休，失去了拿下细分市场中真正重要客户的宝贵时间。

因此，我们要在一开始就解决这个问题，要向每个人指出，社会群体的边界在本质上是模糊的，但是社会群体确实有明显、持久的中心。任何目标细分市场的中心点都是"完美的目标客户"，是该细分市场的典型代表，完美体现了该细分市场的公司类型、人员特征和存在的问题。

要想让大家清楚市场焦点，你只需围绕这个典型代表一天的生活建立一个核心用例，然后对市场部说"找到像这样的人"，对销售部说"拿到像这样的交易"，对工程部说"为这样的用例开发解决方案"，对专业服务部说"寻找最明智的办法来帮助客户解决这样的问题"。

这一切都指向市场战略框架的第 1 个要点：目标客户。在规模运营市场，目标客户通常是个人，他们购买产品可能是为了自己，也可能是为了另一个人，例如配偶或孩子。但在复杂系统市场，一个采购订单必须得到多人批准才能真正签署。于是，目标客户就变成了一只"九头怪兽"，包括预算制定者（通常是业务高管）、预算发布监督者（通常是财务总监或其他财务高管）、用例发起人（通常是部门经理，用例的使用者向其报告），以及将实际获得采购的产品并支持产品使用的专家团队（在我们咨询客户的行业通常是 IT 部门），除此之外，还有从头到尾都一直在场，负责对交易的条款、条件、价格进行监督的采购部门。

那么，谁才是真正的目标客户呢？具体而言，在实施目标市场计划的时候，或者更确切地说，在以转型时期的市场为目标市场的时候，谁才是真正的目标客户呢？答案是需要解决问题用例的部门经理，而且这位部门经理在财务上要得到该部门直属业务高管的支持。为什么呢？以下便是原因。

实施目标市场计划是为了解决尚未解决的问题。也就是说，由于解决方案尚未出现，公司没有用于解决方案的专门预算，但用于补救的预算还是有的。这笔预算来自直属业务高管的损益表，如何使用则由面临该问题流程的部门经理负责。人人都承认这笔资金的使用效率非常低，但现在并没有可行的解决方案。在这种情况下，你还能怎么办呢？

从以下这些例子可以看到，陷入如此困境的公司都有必买理由：

- 投资银行的风险经理用自己的账户进行交易，但他们无法准确评估银行的总体风险状况。
- 在数字媒体的压力下，印刷出版商眼睁睁地看着自己的发行量日益减少。
- 医疗服务机构的急诊室已经成为无保险者医疗服务的等候区。
- 药品研发主管目睹医药行业的畅销药模式日益衰败，而内部研发成本却不断上升。
- 授权软件包供应商的市场份额向软件即服务的商业模式转移。
- 广告公司正看着作为增值服务主要融资渠道的媒体购买日渐衰落。
- 买方投资者缺乏独立的投资建议与分析，因为卖方不再补贴这些服务。

在以上每一种情况中，标准的基础设施都已经存在，但距离满足当前需要还有一定的差距。基础设施团队并不具备弥补差距的能力，所以相关部门的业绩不但恶化，而且危及整个组织业绩的风险也随之上升。业务高管面临着解决问题的压力，而且最重要的是，他已经投入了资源来解决这个问题，只是效率很低。部门经理也备感压力，急需提出更好的解决方案。

从以上情况可以看到，为什么一个目标明确的目标市场计划，尤其是一个针对转型时期市场的目标市场计划，能有非常高的成功概率。至少，你一定会得到一个面谈的机会，首先是跟部门经理谈，如果你过了部门经理这一关，你就可以跟业务高管做进一步面谈（或者反过来，两种次序都可以）。你要向他们提议：试一试我们的解决方案，如果你发现我们真的能解决问题，你再放弃当前的"创可贴"式补救措施，把这部分预算用于投资真正的解决方案。

这个真正的解决方案就是我们所说的**整体产品**。

整体产品和合作伙伴与盟友

要想在转型时期的市场占有一席之地，你必须首先为市场当前的问题找到一个真正的解决方案，或者打造出传奇营销学教授西奥多·莱维特（Theodore Levitt）和高科技营销先驱比尔·达维多（Bill Davidow）所说的整体产品。因此，我们沿用了整体产品这一术语，而且整体产品的概念不仅适用于产品供应商，也适用于服务提供商。在这里，整体产品将会是一个面向相对复杂问题的端到端解决方案，往往包含其他公司的产品或服务，因此，整体产品的打造需要和合作伙伴与盟友共同完成。

要使目标市场计划迅速取得成功，关键策略是先发制人——致力于完成竞争对手不能或不愿完成的任务，迅速在早期市场取得胜利，与竞争对手拉开明显距离，形成不可逾越的领先优势。只要先发制人策略取得成功，目标市场就会形成一种观点：你的解决方案是真正有效且稳妥的。这样一来，潜在客户就会转向你的解决方案，你的竞争对手只好让销售团队转移战场，寻找更容易胜出的市场。

完美的先发制人策略就是打造一个直指问题核心而且立即可用的整体产品。然而，在进攻目标市场之初就具备这样的整体产品并非易事。更可能发生的情况是：在刚开始的时候，你的表现不错，凭借一两个眼光独到的举措，取得了略微领先的优势。在这种情况下，你应该采取什么样的行动，才能保持先发制人的能力，继续扩大领先优势呢？

在实施目标市场计划早期，你需要采取两个关键行动。首先，从目标行业聘请一位高级管理人员。这个人对客户的业务问题非常熟悉，并且对解决这些问题充满热情。有时候，这个人可能就是你的产品的早期采用者。相较于保持现在的职位，这个人更渴望加入你的公司，把你的产品推向更广阔的市场。这个人要履行两个关键职能：第一，准确地针对目标客户的必买理由打造整体产品；第二，利用先前的业务关系，为你和相关业务高管牵线搭桥，争取获得预算和项目支持。此外，这个人还会帮助专业服务团队确定解决客户问题的优先次序，帮助产品团队确定哪一颗"皇冠明珠"会让你的解决方案与众不同。

其次，明确你的解决方案有哪些超越竞争对手的独到之处。也就是说，解决方案架构的核心用的是哪些"皇冠明珠"。销售团队可以将"皇冠明珠"作为卖点，向竞争对手发起挑战，从而改变销售竞争格局。下面让我以一个小例子对此加以说明。

罗盛软件公司是一家来自明尼阿波利斯的 ERP 应用软件公司。20 世纪 90 年代初，正是客户机–服务器软件时代开始的时候，罗盛软件公司只是一家价值 4000 万美元的小公司，却要与甲骨文、SAP 和 PeopleSoft 等大公司竞争。如果与这些巨无霸正面交锋，罗盛软件公司没有一丁点胜算，它必须找到一个较小的池塘，让自己成长为一条更大的鱼。为此，罗盛软件公司瞄准了医疗机构这一目标客户，特别是综合交付网络（IDN），专注于解决一个问题：如何通过优化物料管理来降低医疗成本？当时正值克林顿政府执政之初，医疗费用改革问题悬而未决，而问题的核心在于落后的物料管理流程。因此，解决物料管理流程存在的问题对罗盛软件公司的命运来说至关重要。

每个 ERP 系统都包含一个物料管理模块，罗盛软件公司是如何让自己脱颖而出的呢？原来，医院将其医用物资存放在一个推车上。推车是一个可以从一个手术室推到另一个手术室的移动设备，需要时刻保持充足的库存，其结果是存在很多"以防万一"的重复库存，如果采用"及时"补充策略，库存管理将会更有效率。但是，没有其他行业使用推车存放物资，所以自然也没有 ERP 系统支持医用推车库存管理功能。

罗盛软件公司决定要填补这个缺口，迅速拼凑出一个演示版的医用推车库存管理软件，并承诺将在公司的下一次产品发布会推出一个工作版本。为了尽早发布工作版本，该公司成立了一个独立的开发部门，专门负责整合推车库存管理软件的功能。在向客户介绍软件时，讲解人员重点指出，基于推车的库存管理就是解决物料管理问题的关键。此外，该公司还提供了额外的现场项目支持，帮助最初的几个客户迅速掌握软件的使用方法。

罗盛软件公司的先发制人行动奏效了。该公司跃升为这一细分市场的领导者，在医疗保健行业展览会上得到主角待遇。各大系统集成商也纷纷伸出了橄榄枝，希望与该公司合作，为其医疗保健类软件产品扩展物料管理功能。罗盛软件公司占领了这一细分市场的大部分江山，其他更大、更成熟的软件公司只能争夺剩下的份额，或寻求其他市场机会。在短短六年的时间里，罗盛软件公司的规模增长了一个数量级，并且成功上市。这一切都是在医疗保健领域的业绩基础上实现的。

在一定程度上，罗盛软件公司的成功也是合作伙伴的成功。对于系统集成商来说，每一次软件安装不仅是一次赚钱的机会，也是一次与转型时期市场的高管相识相交的机会。在罗盛软件公司在市场上占据有利位置之前，合作伙伴的承诺只不过是口惠而实不至。但是，一旦罗盛软件公司成为细分市场的领头羊，市场上就会出现"从众效应"（bandwagon effect）。

由此可以得出一个重要教训：在具备市场可行性之前，不要指望合作伙伴能提供多少帮助。你押注的解决方案尚未经事实验证，在合作伙伴看来，这意味着巨大的机会成本，在胜利的天平向你倾斜之前，这只是一个糟糕的赌注。在一开始的时候，如果你确实需要寻找合作伙伴进行深度合作，共同完成整体产品，你应该找一家寻找机会突破到第一梯队的第二梯队公司，而且你要竭尽所能让合作伙伴成为整体产品的供应商，尽量提高合作伙伴得到的回报，甚至赋予合作伙伴"独家供应商"的地位，以报答它们在早期对你的支持。

然而，在大多数情况下，你只能依靠自己的专业服务部门来推动最初的几个项目，新开发的整体产品如果有什么欠缺，也必须依靠你自己来填补。其实，这属于第二轴项目。也就是说，你必须调整组织结构和评估标准，为实施目标市场计划提供必要的支持。但是，只要越过引爆点，你就可以招募合作伙伴，把解决方案中的可重复内容交给合作伙伴处理，或者将已经变成第一轴业务的专业服务变成收入来源。

销售策略和定价策略

开辟转型时期市场的销售策略要比传统的解决方案销售方式略胜一筹。传统的销售方式根据预算和项目来确定潜在客户。处在转型之初的市场，预算和项目往往都不存在。那接下来该怎么办呢？

2009 年 3 月，我和我的两位同事菲利普·莱（Philip Lay）、托德·休林（Todd Hewlin）在《哈佛商业评论》发表了一篇题为《如何在经济衰退时"煽动"客户》（"In a Downturn, Provoke Your Customers"）的文章，对以上问题提出了应对之策，在文章中，我们介绍了"煽动"式销售的基本步骤。这些步骤也同样适用于在转型时期的市场抢占领先地位。以下是"煽动"式销售的基本步骤：

- 向客户明确指出，转型时期市场的一个业务流程和基础系统已经濒临崩溃。
- 指出不立刻解决问题的后果，特别强调后果的严重性，而且传统方法不可能彻底解决问题。
- 提议一套截然不同的新方法，客户需要调整投资优先权，将短期补救措施的预算资金调配给一个可行的长期解决方案。
- 争取得到客户相关业务高管的支持，在客户进行一次重点突出的短期诊断式调查，以确定新方法的可行性和价值。

- 根据诊断式调查的结果，向客户提出一个端到端解决方案，在业务流程负责人的支持下重新分配预算予以资助。

从以上步骤可见，"煽动"式销售与传统的解决方案销售方式相去甚远。传统销售方式也要了解潜在客户的信息，并与潜在客户的相关人员取得联系，但是"煽动"式销售方式需要接触更高级别的主管，对潜在客户的了解也更加深入。深入了解潜在客户的信息、联系潜在客户的高管都是现场营销部门的责任。要顺利完成这两个任务，营销部门必须采用推荐式营销。

推荐式营销不需要寻找传统意义上的销售线索。在一个处于转型时期的市场，因为还没有项目，也没有资金，所以销售线索本来就不存在。你要寻找的是"有理由合作的对象"（plausible suspects），具体而言，要从转型细分市场中最有影响力的30～40家公司里找。在接下来的4～6个季度里，如果你能够拿下其中5～8家公司的销售订单，你就能达到引爆点，在市场上形成良好的口碑。

对于每一家目标客户，你的营销部门都要调查清楚，你要解决的棘手业务流程问题由目标客户的哪一位业务高管负责；然后，营销团队要想方设法寻找引荐者，让你公司的高管和目标客户的那位业务高管见一面。会面的目的是告诉潜在客户其所在的行业遇到了非常棘手的问题，但一直无法解决，而你的公司拥有下一代技术，对于如何解决问题提出了新的思路。

此外，营销部门还要将解决问题的新思路做成一份简明扼要的提案，然后想办法牵线搭桥，把与目标客户高管会面的事情安排妥当。参加会面的人员来自销售部门，通常由你公司的一位高级别管理人员带队拜访目标客户，并代表公司向对方阐述解决问题的新思路。

但这不是一次销售拜访，拜访的目的并不是要拿到一个销售订单。相反，你要做的是说服目标客户的一位业务高管支持采用一种新的方法来解决一个棘手的问题，并从当前其他用途的预算中调配资金予以资助。一般来说，完成说服任务的最佳人选就是你当初从目标细分市场招募的那位管理人才。在第一次会面结束之前，你一定要让对方认可（或者尽可能认可）与你共同探索新方法的可行性。

总而言之，对营销部门来说，这个任务具有很大的挑战性。如果你的营销部门已经习惯了在周期性增长的成熟品类市场开发潜在客户的传统营销方式，那任务的难度就更大了。不过，有一个绝妙的方法可以明显提高你成功的概率。这要说回你在几个月前的行动，那时候你刚刚对端到端解决方案的整体产品概念进行了第一次测试，还没有做好将其推向市场的准备。

当时，你要求营销团队去调查目标客户的情况，确定对方是否迫切需要一个新的解决方案，以及你提出的整体产品跟目标客户当前使用的产品相比具有多大的竞争力。在调查的过程中，营销团队并没有求助于行业分析师（因为行业分析师不会关注尚不存在的市场）。你让他们想办法联系转型细分市场中最有影响力的 30 ～ 40 家公司。现在，这些公司变成了你的销售目标。换言之，你在这些公司实际上已经有了可用的人脉。

当然，营销团队最终能联系的都是级别不高的员工，提出的问题也比较谨慎保守。他们这样做，为的是尽可能获得更多客户意见，帮助公司接下来打造和发布整体产品。在此过程中，他们自然会获得一些有关特定目标客户的情报，而且他们几乎都会获得回访邀请，有机会在整体产品完成之后再来推介。因此，安排双方高管会面看似很有挑战性，但实际上并非如此，毕竟根据营销部门前期了解的情报，你已经知晓对方的痛点具体在哪里。

当然，这种定制化营销是有代价的。因此，接下来我们要讨论的话题是定价策略，看看我们该如何利用定价策略，在转型时期的市场上赢得更多份额。解决方案的定价必定要基于价值，也就是你能为客户创造的回报，即通过直接解决一个极其棘手的问题，帮助客户降低成本、减少风险。这种价值往往比产品的直接成本高一个数量级，因此，你在定价时通常不需要也不应该提供折扣。

例如，欧特克公司目前正在开发三维建模软件的一个细分市场。建筑设计师已经使用三维建模软件多年，但该公司现在关注的目标客户是承包商和建筑业主，提出的价值主张是解决各子系统和分包商之间的脱节问题，使各子系统和分包商构成的复杂系统保持运转顺畅，避免项目进度出现延迟。想一想，如果是一个大型建筑项目，哪怕是延迟一天进度，那也会增加很大的成本。现在，只需要花一点钱购买软件，就可以避免这种后果。稍做比较就可以发现，两者的代价相差极大，只要整体产品供应商所言属实，客户就会毫不犹豫地购买。在这种情况下，价格从来都不是问题。

如果价格确实成为一个重要的问题，这说明你可能在某些环节出了差错，通常有以下三种可能：

1. 当初与你接洽的业务高管没有可以重新分配的预算，只能从其他用途的预算中挤出一点资金。

2. 你的解决方案所针对的问题并非如你以为的那样迫切。

3. 你提出的整体产品要么不可信，要么不适用于当前的问题。

无论是以上哪一个环节出了差错，以折扣价格出售都是糟糕的应对方法。如果定价策略的目标是获得市场力，那么，在定价的时候，你要考虑的重点是整体产品的价格，即目标客户的端到端全部成本——包括支付给你和你的合作伙伴的酬劳，以及在客户内部实施完整解决方案所需要的费用。你得到的总价格还必须跟下列几点保持一致：

1. 业务高管重新分配预算的资金量（整体产品的价格必须远低于当前用于补救措施的支出，否则就不会有吸引力）。

2. 你为客户创造的整体价值，包括实现投资盈亏平衡的时间（因为任何公司内部都存在对资金的竞争）。

3. 与你共同打造整体产品的合作伙伴或盟友的商业利益（要确保它们得到足够的回报，否则它们不会参与打造整体产品）。

4. 负责销售整体产品的销售人员薪酬方案（这样才能激励他们把时间、才能和管理层注意力都投入你的整体产品，而不是其他）。

看看 Documentum 公司的例子。Documentum 是引领医药行业电子化文件管理的软件公司。在新药上市之前，医药公司必须向美国食品药品监督管理局（FDA）提交新药审批申请材料，材料数量十分庞大，有时甚至超过 50 万页。这就是 Documentum 公司最初专注于解决的棘手问题，公司的目标客户是排名前 40 的制药公司中的政府事务部门。但是，购买整套解决方案的费用高达几百万美元，这些部门并没有预算。因此，Documentum 公司转而向负责在研药物的业务高管说明情况。该公司提出的购买理由很简单：一种专利药物的年均收入是 4 亿美元（这是 1992 年的水平），平均每天的收入大约是 100 万美元。目前，你们的人工文件管理流程需要 6～12个月的时间，才能完成一份质量过关的 FDA 申请，计算下来就是 2亿～4 亿美元的收入损失。我们相信，借助我们的系统可以在 6 个星期内完成一份质量过关的 FDA 申请，成本仅需要 200 万～300 万美元。还有其他问题吗？

当然还有其他问题。但是，Documentum 公司的价值主张确实极其诱人，所以价格几乎不是问题——只要客户有一个创收单位提供预算支持就行。如果有问题，那也是因为客户公司的成本中心[⊖]（要么是政府事务部门，要么是 IT 部门）试图在没有足够的业务线支持的情况下采用新的解决方案。

假设上述所有问题都顺利得到了解决，不要忘记还有很重要的一点：在整体产品的报价中为你自己预留合理的份额，包括产品和服务的成本，甚至还可以包含一些研发成本。此外，千万不要向市场透露整体价格的构成。保持价格构成不透明，有助于建立一个基于价值的参考点，即使在研发工作完成、服务需求减少后，还能拥有相对较高的利润率。当初你承担开发市场的风险，为的就是获得高回报，高利润率就是回报的一部分。

⊖ 成本中心：管理者只对其部门发生的成本实施有效控制，但无法对收入和营业资产的投资实施控制的企业内部责任单位。——译者注

竞争和定位

转型时期的市场不存在根深蒂固的竞争者，这是攻占转型时期市场的好处之一。转型时期市场的竞争格局分为两个阵营：一边是现有的供应商，它们与目标客户建立了长期关系，但它们的产品不能解决客户在转型时期遇到的问题；另一边是像你这样的新进入者，也许有能力解决这些问题，但没有高管级别的人脉关系，而且缺乏领域专长，不了解目标市场的业务流程。此时，市场已经陷入了停滞，而这两个阵营的解决方案都不足以使市场摆脱停滞状态。

也许你会认为现有的供应商拥有竞争优势，但实际上它们的定位相当糟糕。诚然，它们与目标客户的关系是长期的，但多年以来，双方的联络级别已经从公司高管下降到直接负责维护系统的系统经理和技术专家。这种级别的员工并不愿意改变，但是市场转型的不确定性开始对他们的工作业绩和工作保障造成冲击，这时候他们最担心的事情就是引起别人的关注。

像你这样的新供应商，至少还没有沾上系统故障的恶名——目标市场的关键业务流程之所以出问题，正是因为当前使用的系统频繁出现故障。这是新供应商在定位上的一个优势。而且，因为你代表了一个新的方法，所以已经焦头烂额的业务高管会非常乐意听听你的故事。但是，业务高管并不是技术专家，因此，至少在开始的时候，你必须用商业语言来向业务高管阐述问题，而不是用技术语言来给他们介绍解决方案。

这是定位上的一大挑战。要应对挑战，你必须招募一位精通目标市场语言、熟悉目标市场业务流程的领域专家加入你的团队。领域专家肩负多重任务，不但要告诉你业务流程哪里出了问题，而且要解释清楚为什么现有的系统不可能解决当前的问题（通常现有的系统本身就是问题的一部分）。除此之外，领域专家还要帮助你初步设计一个可信的整体产品，充分发挥你的"皇冠明珠"的作用，达到解决问题的目的。

在解决方案初步制订之后，领域专家在解决方案的定位问题上也要发挥关键作用。他们来自你想要进军的行业，往往熟悉业内现有的解决方案供应商，因此，除了指出现有供应商当前无法解决的具体问题之外，他们还能够对现有供应商做出客观公允的评价。而且，现在他们已经加入你的公司，对公司的产品足够熟悉，可以解释其不同之处，为什么能颠覆市场格局。基于以上优势，领域专家的定位任务分为两步：第一步，为问题得到解决之后的未来状态勾勒一个可信的愿景；第二步，为实现这个愿景描画一份切实可行的路线图。

总而言之，定位必须基于以下三点：

- 你深刻理解目标市场当前面临的问题。
- 你拥有"皇冠明珠"，能够从一个崭新的角度来解决这个问题。
- 你充分了解从当前状态向未来状态转变将会涉及的全部细节问题及其复杂性。

特别要注意的是，定位要传达的核心信息一般不是你或你的产品。目标市场计划传达的任何信息，其核心都是你要解决一个非常棘手的问题。最重要的是，正是这个棘手的问题让你和客户联系在一起。因此，在与目标客户进行对话交流的时候，你越是把重点放在问题上（而不是放在解决方案上），你的定位就越有效。

下一个目标客户

目标市场计划最初的目标客户是一个处于转型时期的细分市场。在这个细分市场赢得主导地位既是目标市场计划的工作重点，也是目标市场计划本身所追求的回报。但这并不是唯一的回报。

只要拿下了一个细分市场，你的公司就能实现"阶层跃升"，加入"特权阶层"的行列——所谓"特权"，指的是拥有稳固的忠诚客户群，无论公司遇到什么困难，这些忠诚客户都对公司不离不弃。在未来很长一段时间内，他们对公司的评价和意见将会影响潜在客户的购买决策，他们对公司的后续业务也会一如既往地提供支持。因此，忠诚客户群是一个很好的滩头阵地，你可以借助他们的力量迅速攻占邻近的细分市场。那么，你该如何决定接下来要攻占的是哪一个细分市场呢？

要谨记以下两条经验法则：

- 向老客户提供新方案比向新客户提供老方案容易。换句话说，在争夺市场力的博弈中，与产品领先相比，亲近顾客是更强大的一张牌。
- 进军一个新行业比进军一个新地域容易。在同一地区，如果你要进军一个新的行业，你可以借助现有的整体产品合作伙伴的力量。如果你进入一个新的地理区域，一切都是陌生的，你必须先在当地市场寻找企业作为合作伙伴。换言之，从一开始你就已经落后于人。

这两条经验法则都说明了一个基本道理：做生意要靠关系。没错，我们确实会与陌生人进行规模运营类交易，但即便如此，我们也希望购买更令人放心的品牌产品或服务。如果要购买复杂系统类产品，我们更乐意与熟人打交道。如果有一个熟人把我们引荐到一个新的圈子，那自然很好——这就是人脉的作用，也是口碑的作用，客户的购买决策，不论大小，都会受口碑的影响。

因此，你选择的下一个目标客户是否合适，有一个根本判断标准：这个目标客户是否已经与你目前的目标客户建立了联系。只有选择合适的下一个目标客户，你在营销和整体产品上投入的资金才能获得最大的回报。

小结

本章以转型时期的市场为例，详细讨论了市场战略框架的 9 个要点，这些要点构成了创造市场力作战手册的目录框架。这份作战手册是一套让你加速至换轨速度的可靠方法，尤其适用于复杂系统类供应商。在本章的最后，我们将介绍一个创造市场力的成功案例。案例里的这家公司把这套方法谨记在心并付诸实践，成功地利用转型时期的市场赢得了巨额回报。

案例：赛贝斯公司的目标市场计划（2007 ～ 2010 年）

2007 年夏天，赛贝斯公司首席执行官程守宗（John Chen）差不多已经完成了他作为一个"价值投资型"首席执行官的使命。他把赛贝斯公司从濒临死亡的绝境中拯救出来，使之成为一家价值 10 亿美元的软件公司，预计公司未来的收益和现金流将继续攀升，公司估值是营业收入的 2 倍有余。如果从市盈率（P/E）来看，他在提高收益（E，earnings）方面的表现极其出色，但他并没有改变这个公式的分子，即价格溢价（P，price）。在这种情况下，他觉得自己需要做一件极具挑战性的事情，否则就得离开公司。

他选择的挑战是使赛贝斯公司的投资模式从价值投资转变为成长投资。当时，赛贝斯公司在移动计算和数据分析方面确实有一些深藏不露的"皇冠明珠"，但是由于缺乏公司力，公司周围的生态系统并没有对其另眼相看。咨询顾问告诉程守宗，实施市场力战略是赛贝斯公司重获公司力的有效途径。他也承认，公司经过自我诊断，发现自身的市场力确实比较落后，尽管有能力获得销售线索，却无法创造我们所说的那种市场力。

在 2007 年下半年，赛贝斯公司采取了两个关键举措，为改变现状做好了准备。首先，公司的首席营销官拉伊·内森（Raj Nathan）拥有工程背景，在他的领导下，公司对营销部门进行了全面改组，围绕产品经理、产品营销经理、现场营销经理、企业营销经理、行业解决方案经理、技术营销经理 6 个关键角色重新调整部门职能。其次，为了充分激发这 6 个关键角色的活力，公司重点实施两个目标市场计划，一个针对移动银行业务，另一个针对数据聚合器的数据分析业务。

然而，到了 2008 年初，金融行业危机蔓延到其他行业，导致美国陷入了经济衰退。于是，赛贝斯公司决定调整数据分析团队的工作方向，重点关注华尔街金融服务公司这一目标市场，致力于解决交易环境日益自动化、算法化和不透明所带来的风险分析难题。领域专家锡南·巴斯坎（Sinan Baskan）是团队的核心人物之一，他的角色相当于行业解决方案经理。赛贝斯公司常驻纽约的区域销售主管埃里克·约翰逊（Eric Johnson）是团队的另一位核心人物，他发挥了创业总经理的作用。

据了解，在2008年期间，赛贝斯公司采取了以下行动：

- 成立了一个金融服务委员会。委员会直接向首席执行官程守宗汇报，其成员来自市场、销售、工程、移动交易服务等多个部门。委员会由销售主管史蒂夫·卡佩里（Steven Capelli）担任主席，其直接下属是区域销售主管埃里克·约翰逊。如果目标市场计划的具体做法与公司素来的行事方式产生冲突，委员会就会采取干预措施，为目标市场计划大开绿灯。具体而言，委员会调整了工程部的任务安排，优先完成一个重要的编程技术软件，使软件能够在早于预定的时间发布。此外，委员会还重组了现场部门，把全球决策权和现场营销资源全部集中在区域销售主管埃里克·约翰逊手中。

- 由马克·威尔逊（Mark Wilson）领导的企业营销部重新安排了2008年的全部预算，优先资助面向金融服务公司的风险分析工作。其中，2008年5月，公司赞助了一场在纽约证券交易所举办的活动，曾任美联储主席的艾伦·格林斯潘（Alan Greenspan）在台上接受了长达一个小时的专访，讨论了当下的风险危机问题。这次活动也改变了赛贝斯公司在华尔街的形象。销售团队让华尔街的金融服务公司重新对赛贝斯公司产生了兴趣，并且与投资银行的相关业务高管取得了联系。这些高管拥有重新配置预算的权力，能够划拨资金解决迅速蔓延的风险管理危机。事实上，经过销售团队的努力，赛贝斯公司的目标市场计划团队得以与 100 多位首席风险官进行洽谈。要知道，在那时候，赛贝斯公司的绝大部分客户关系都是 IT 部门建立的。

- 同时，销售团队与公司总部的产品经理和产品营销团队一起制定"煽动"式销售策略，与公司正在进行的推荐式营销相互配合。每一位销售人员都要参加"煽动"式销售培训，培训以角色扮演的方式模拟与目标客户的业务高管（由赛贝斯公司的高管人员扮演）进行对话。模拟练习向所有人公开，每个人都可以从其他人的成功和失败中汲取经验教训。

- 金融服务委员会与销售团队紧密合作，跟踪 40 个顶级客户的客户渗透进度，每月召开一次会议，采取一切必要的措施，使停滞不前的工作进程得以恢复。

- 最后，如上所述，工程团队重新设计了一项重要的编程技术，以便加速交付整体产品的关键功能，使整体产品能够提前上市。否则，按照以往的产品开发节奏，整体产品还不知道要等到何时的"下次发布会"才能问世。

通过以上行动，赛贝斯公司获得巨大的回报，其金融服务业务收入迅速增长，增速是公司其他业务的 11 倍！尽管如此，金融市场还是遭遇了全面崩溃，或者反过来说，正因为金融市场全面崩溃，赛贝斯公司才会如此成功。经此一役，赛贝斯公司不但大幅提升了公司力，而且为公司继续推进移动计算投资计划赢得了 3 ～ 4 个季度时间。2009 年，这些投资终于开花结果。这一年，赛贝斯公司推出了一些企业级数据传输产品，其中包括一个为 SAP 开发的数据传输应用程序，用于将 SAP 的商务智能模块传送到黑莓和苹果手机上。这款产品使 SAP 对赛贝斯公司产生了浓厚的兴趣，两家公司最终于 2010 年合并。

那么，程守宗是如何把公司转变为"成长型投资者"的呢？2007 年夏天，赛贝斯公司的市值是 22 亿美元，然后，经济很快就进入了近代经济史上最艰难的时期，接下来，在两年时间内，赛贝斯公司的市值大幅提升，在被 SAP 收购之前市值达到了 36 亿美元，而且收购价格高达 58 亿美元。短短三年就取得这样的成绩，是相当不错的。况且，受 2008 年金融危机冲击，科技行业估值大幅缩水，在此背景之下，程守宗这三年的业绩更显得亮眼。现在回想起来，他当年精心设计的目标市场计划，其核心实际上就是市场力战略。正是因为他在 2008 年实施了市场力战略，赛贝斯公司才得以重获公司力，为自己找到准确的市场定位，成功将几大关键举措落到实处，最终成为企业级数据传输业务市场的领导者。

第 5 章
产品力：打破惯性的束缚

到目前为止，在我们对换轨速度的讨论中，我们把来自过去的阻力类比为阻碍火箭离开地球的引力。企业就像火箭，而品类、竞争集合乃至市场生态系统就像一个引力场，通过施加引力把企业困在原来的位置上。不过，在讨论产品力时，我们要用另一个类比。

为了达到换轨速度，你必须拥有下一代产品，也就是真正能够把公司的未来从过去的阻力中解放出来的产品，例如阿卡迈公司的增值服务、BMC 公司的 BSM 套件、赛贝斯公司的分析服务器。而且，你必须尽可能地将资源集中于下一代产品，使其免遭传统项目的干扰。公司的原有项目，包括各种产品、服务、一次性定制产品，大部分属于长尾产品。长尾产品对下一代产品的干扰错综复杂，因为每一种长尾产品都能带来收入，虽然只是涓涓细流般的微薄收入，但无论多么微薄，也是收入；每一种长尾产品都会占用销售人员的精力，虽然占用的比例不高，但不管占用了几分，都是占用；每一种长尾产品都要争夺企业营销资源，想方设法发出自己的声音，虽然只是一些模糊的噪声，但无论多么模糊，仍然是噪声。在我们看来，这种纠缠不清的状况并不是引力作用的结果，反而更像《格列佛游记》里的故事。

你还记得《格列佛游记》的故事吗？在第一次出游中，格列佛在小人国醒来，发现周围都是小人，他的身体无法动弹，四肢被无数细如线状的绳索束缚，整个人被缚牢在地上。就这样，小人国那些身高才六英寸[⊖]的人就能让格列佛无法移动。你的长尾产品就像小人国的小人一样，足以使你的下一代产品这个"巨人"无法动弹。

这怎么可能呢？强者怎么会屈从于弱者呢？在商业世界里，这是很容易发生的情况。在每一个季度，你明明已经竭尽全力实现既定的收入目标，但是你经常发现自己有点力不从心，季度收入很可能达不到预期。此时，你极其需要一个下一代产品来补充力量。但形势逼人，季度收入目标必须完成，你只能千方百计寻找收入来源，无论是什么产品，只要能创造收入，你都必须抓住，就像抓住救命稻草一样，无论多么微薄，都不能放弃。

我们把这种做法称为"压路机前捡钢镚儿"，虽然你心知肚明，这样做完全不值得，但坦白说，你已经别无选择。就这样，你陷入

⊖　1 英寸 =0.0254 米。

了一种"舍本逐末"的行为模式，结果导致公司资源分散，大部分资源被用来处理大量无关紧要的交易，如果运气不好，这些交易创造的收入也许连季度目标都达不到。就算你在这个季度能够达标，进入下一个季度，你的处境只会更加艰难，要想再次达成季度目标，那是难上加难。最终，你无法达成季度目标，这也是必然的结局。要掌控自己的命运，你必须拥有自己的撒手锏，但是这一路走来，你并没有投入资源打造自己的撒手锏，所以，你只能眼睁睁地看着竞争对手推出下一代产品，成功占领市场！而且，要是你当初也选择投资下一代产品，你做出来的效果也远远不如竞争对手。此情此景对于此时的你来说无疑是雪上加霜。这就是索尼看到 iPod 上市时的感受，摩托罗拉看到 iPhone 上市时也是同样的感受。

生命如此短暂，不能浪费在不值得的事情上。把资源分散于大量无关紧要的交易就是一件不值得的事情，只会白白浪费公司几十年来积累的声誉和品牌。如果你选择了这条路，你就不可能达到换轨速度，你也永远无法扭转自己的命运。不用多想，此时你所需要的，正是能让你达到换轨速度的产品。在五层竞争力模型中，客户实际上能购买的只有产品。俗话说，布丁到底好不好，只有吃了才知道。在这里，产品就是布丁，产品能不能让你达到换轨速度，也要试过才知道。这些能让你达到换轨速度并且改变市场格局的产品，我们称为下一代产品。

那么，怎么做才能摆脱困境呢？就像格列佛一样，你要进行创新。创新不仅是为了创造未来，也是为了与现在共存，还为了甩掉过去的包袱。为了实现这三个目的，我们需要的创新模型势必比大多数人所理解的更加宽泛。因此，接下来的讨论将从创新模型开始。

创新的回报：过去、现在和未来

《公司进化论》[⊖]是一部研究创新的作品，我在该书第 1 章构建了一个模型，模型包含创新的 5 种回报，其中 3 种能够创造经济价值，另外 2 种则会减少经济价值（见图 5-1）。

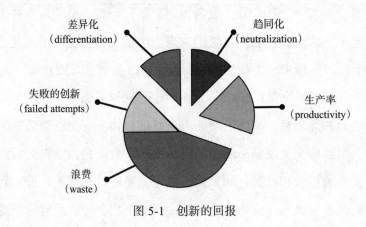

图 5-1　创新的回报

差异化创新（differentiation innovation）。带来差异化的创新让你拉开与竞争产品的距离，是你的核心能力的最深刻体现，是你的"皇冠明珠"创造的成果，其中的某些部分将会成为你下一代产品的核心。差异化创新是驱动未来增长的引擎。

趋同化创新（neutralization innovation）。实现趋同化的创新让你赶上竞争对手的变化，使你在品类格局中保持良好的地位，确保

　　⊖　本书中文版机械工业出版社已出版。

你能跟上品类最新的发展步伐，符合当前的市场标准。趋同化创新的目标不是让你与众不同，而是让你与竞争对手相差无几，尽可能以最快的速度、最低的成本吸纳竞争对手的特点。趋同化创新是所有品类工作的重头戏，也是驱动现在增长的引擎。

生产率创新（productivity innovation）。提升生产率的创新把你从"小人国"的束缚中解脱出来，让你能够充分地为下一代产品提供资源。生产率创新是让你摆脱过去阻力的引擎。

失败的创新（failed attempts）。没有一个创新项目能百分之百成功，或者说，如果创新真的要挑战极限，创新的成功率就不应该是百分之百。如果创新遭遇失败，你必须从失败中总结经验，吸取一切可能的教训，然后继续前进。

浪费（waste）。浪费是危害最大的，浪费有不同的表现形式，取决于你想要哪一种创新回报，这一点稍后我们再详细探讨。现在要谨记一个重点：你浪费的资源是可以回收的。你浪费的资源其实就是已经包含在预算中的资源。只要你停止浪费，你就可以把这部分隐藏的资源释放出来，用来实现你的最终目标。

根据以上模型，我们制订了一份借助产品力提升达到换轨速度的方案，方案由三个部分组成，具体如下：

1. 利用生产率创新摆脱过去的阻力，把传统项目所占用的资源释放出来。

2. 利用趋同化创新实现公司现在的收入和利润目标。

3. 利用差异化创新获取充足的新动力，推动公司在未来取得更大的成功。

就这么简单！简直不费吹灰之力，说不定在结束之后，我们还有工夫喝杯茶呢。

生产率创新：把钢镚儿熔铸成钢锭

曾经，你在压路机前捡到的"钢镚儿"其实是货真价实的美元；也许在更久以前，你还可以捡到金币，所以"压路机前捡钢镚儿"也非常值得一试。然而，现在每一笔交易都会带来机会成本，虽然单笔交易的机会成本看似微小，但全部加起来相当要命，而且每一笔交易都会分散你的注意力，使你很难一鼓作气将这些交易所需的昂贵的基础设施全部撤除。你知道你可以做得更好，但你似乎总是找不到合适的时间。

现在时机来了。根据我们在公司力一章介绍的策略，你要完成以下几项具体工作。

1. 聚焦于业绩排名垫底、收入贡献率加起来仅占10%的长尾产品（或服务）。将长尾产品移出主要分销渠道。如果是直销渠道，那就将其列为不可提成产品，排除在销售定额之外，不计入公司总收入。负责其他产品入市的团队仍然可以将长尾产品列入客户订单，但不计入团队业绩。如果是零售渠道，那就将长尾产品移出货架黄金位置，转入两级分销系统，通过网络来履行订单。同时，停止有关长尾产品的一切营销活动。产品进入市场的渠道资源十分宝贵，渠道资源的分配事关公司的成败。以上举措虽然尚未彻底切断长尾产品的销售渠道，但肯定能阻止长尾产品占用更多的时间和空间。

2. 将全部长尾产品交给一位优化经理负责管理。优化经理要从长尾产品提取资源和剩余现金流，同时最大限度地降低顾客的不满意度。长尾产品的收入不再计入原主管部门的业绩，但是负责长尾产品的人力资源不做调整。如此一来，长尾产品的损益表（P&L）就只有损（L）没有益（P）了。同时，赋权优化经理，任何有助于实现现金流最大化的资源，优化经理都有权接管。在这种情况下，人力资源确实会有所调整，至于如何调整，则由优化经理全权决定。既然产品已经在市场竞争中败下阵来，相关人力资源也变成搁浅资产，如果你还为这些产品和资源提供避风港，那你提取剩余现金流的工作就不可能顺利进行。

3. 建立一个跨职能部门的产品停产（end-of-life，EOL）处理流程，由优化经理负责管理。优化经理要主动出击，在长尾产品真正变得有害之前着手解决问题。停产处理流程应该频繁发布预警通知，并公开停产产品的处理进度，使销售人员、渠道合作伙伴、现有客户充分了解情况，以便对即将停产的产品采取最后的行动，然后向他们发布能够满足未来需求的新产品的开发计划。如果公司自身无法满足他们的需求，那就帮助他们联系你的合作伙伴。

只要实行以上举措，各经营单位以及其他有利润压力的部门就会强烈要求在其核心规划和运营方案中增加产品停产处理流程。否则，它们有些工作将会是徒劳，因为它们将不得不为长尾产品提供资源，却不能计入业绩。公司仍然可以利用长尾产品赚钱，但经营单位不能。如果这样还不能引起关注，那么也许经营单位的管理层应该换人了。

存货单位（stock keeping unit，SKU）是最简便的产品优化衡量标准。软件和服务具有一些特殊的配置、不寻常的条款和条件、孤立的代码分支等特征，也会导致类似的优化问题。这些问题都无法在软件和服务的主管单位内部得到有效解决。主管单位内部人情关系过于复杂，而且优化能力也十分薄弱。因此，你必须先在主管单位外部进行生产率优化。

最后，对于生产率优化要有雄心壮志。我们确实相信你能把钢镚儿熔铸成钢锭，而且事实证明，这些钢锭能够变成可持续的企业资产。生产率优化真的有利可图，因为钢镚儿是无穷无尽的，而且钢镚儿的市场永远存在，虽然不是通过主要产品入市渠道进入的市场。记住：你可以把任何一项业务列为外围（context），认为这些外围业务缺乏价值，但是你眼中的外围在别人看来却可能是核心（core）。

以上便是生产率创新的作战手册。这份作战手册的理论框架是更新版的六大杠杆模型，最初出自《公司进化论》第9章。下面我们来回顾一下这个模型的主要内容，看看我们提出的把钢镚儿熔铸成钢锭是如何实现的（见图5-2）。

释放被外围业务占用的资源

杠杆1：集中化。把外围业务交给一位高管负责，减少运营开销；建立单一决策制度来管理决定命运的重大风险。

杠杆2：标准化。整合产出相似的流程，降低流程的多样性和可变性，以降低成本并将风险降至最低。

杠杆3：模块化。将系统分解为其子系统，并将接口标准化，以便在未来削减成本。

杠杆4：最优化。消除冗余的步骤，使标准流程实现自动化，精简其他流程，选用成本较低的部件，或以其他方式降低成本，减少资源使用。

杠杆5：工具化。根据关键参数的变化总结其他流程的特征，并开发监控系统管理这些流程的性能。

杠杆6：外包。将流程交给其他企业，进一步削减开销，分散成本，尽量减少未来的投资。将供应商对监控系统的使用纳入服务等级协议（Service Level Agreement）。

图 5-2　六大杠杆模型

杠杆 1 和杠杆 2 是生产率优化的第一阶段，公司指派一位非常善于优化的高管负责管理一系列分散的产品或实务。这位高管一上任就立即开始对不同的外围业务实行标准化，达到降低成本和风险的目标。这　·阶段的标准化将会一次性释放大量资源。

杠杆 3 和杠杆 4 是生产率优化的第二阶段。在这个阶段，优化团队将最耗费资源的流程进行分解，准确找到最低效或无效的流程节点，将其从标准工作流程中分离出来，然后重新设计，使流程的性能取得实质性的改进。分解、分离、改进这三个模块的工作将会持续进行，直到实现流程收益最大化为止。

杠杆 5 和杠杆 6 是生产率优化的最后阶段。在这个阶段，优化后的流程整合在一起，以便持续进行更有效的管理和执行。整合的方式可能是某种自动化系统或外包协议。无论哪种情况，管理层都需要工具来持续监测系统的性能，而且监测工具必须在系统的最终处置获得核准之前开发完成。

从以上内容可见，六大杠杆模型实际上是一套系统地挤压产品或流程成本的方法。如果你把长尾产品集中起来进行处理，为了求生存，这些长尾产品一定会通过相互结合来壮大自己的力量，因此会迸发最后一波创新热潮。这是一个铸锭的过程，如果没有这个过程，长尾产品只不过是残渣，现在也是时候将其清理干净了。在技术型企业中，任何长尾产品都有一些值得回收的技术要素，但是单个要素是孤立的，需要找到合适的地方，跟其他要素组合起来，才能继续发挥作用。

至此，我们可以说，铸锭工作已经完成了。这项工作一点也不容易。但是，只要遵循上述方法，你就能持续取得进展。与此同时，你还要顾及另外两种创新。对你的未来而言，这两种创新比生产率创新更加重要。现在，你已经给格列佛松了绑，但他还不是一个自由人。

趋同化创新：抓住重点，速度为先

如果创新的目标是让你变得跟别人一样，那我们怎么能称之为创新呢？真正的创新者应该是不屑于模仿的，不是吗？

那么，诺基亚是应该模仿苹果的触觉界面，还是不应该？触觉界面是苹果的差异化优势，自问世以来一直广受消费者追捧。但截至本文撰写之时，苹果的差异化优势已经保持了三年半，诺基亚仍然没有选择模仿。在此期间，RIM 公司模仿苹果，推出了黑莓手机，谷歌的安卓系统也模仿了苹果，而摩托罗拉推出的 Droid 智能手机则是一款搭载谷歌安卓系统的手机。结果，在 2011 年，这三家公司都在智能手机市场拼杀，而诺基亚却不见踪影。这样的局面不但对诺基亚品牌造成了破坏，而且人们开始质疑诺基亚的长期生存能力。骄傲有时候是不合时宜的。

趋同化创新是大部分当前业务发展的驱动力。正因为有趋同化创新，你才能在客户、合作伙伴、供应商甚至竞争对手面前保持良好地位。趋同化创新缺乏差异化创新的魅力，但就纯粹的投资回报率而言，经风险调整后，趋同化创新是迄今为止你能做出的最好投资。这就是为什么你公司的大多数员工要把大部分时间用于追赶行业发展前沿，确保公司跟得上同行层出不穷的创新。

为什么趋同化创新如此重要？你可以从客户的角度想一想。大多数时候，客户只是想通过相同的渠道从相同的供应商购买更多相同的产品，只要这些产品能跟上市场竞争的步伐，客户就可以接受。如果选择其他产品，客户需要重新评估一系列新产品，而且要审查供应商的资格，客户的现有系统还需要时间适应新的技术和组织界面，产生的交易成本实在太高，通常不值得如此大费周章。

因此，跟上市场竞争的步伐虽然不是一个非常高的标准，但回报是相当可观的——成本低廉，销售额可预测，终端客户对产品有所了解，技术支持比较容易——还有什么可挑剔的呢？怎么会有人把这种事搞砸呢？

答案很简单，也很令人难堪——因为他们不甘人后，想领导他人。他们不想模仿，他们想创造。但是，不管是领导还是创造，现在的时间和地点都不合适。

市场只想要"足够好"的产品，我们却坚持超越这个标准，更糟糕的是，我们还坚称这是 δ 值（delta value）。实际上，这样做对所有人来说都是一种伤害，尤其是对我们自己。即使我们以同样的价格推出"超标"的产品，产品的"超标"功能往往也是过度设计，大多数应用场景根本用不上。如果我们降低产品价格，吸引不那么富裕的新客户，或者提高产品的毛利率，资助公司的其他项目，那效果说不定会更好。最糟糕的是，我们为"超标"产品投入了时间——通常是很多时间，但在此期间，我们的产品在市场上完全没有竞争力，因为我们并没有推出市场想要的"足够好"产品。

我们前面提到，诺基亚在应对苹果的差异化优势时就落入了这样的困境。相比之下，在过去十年里，微软模仿苹果的 Macintosh 推出 Windows 操作系统，成功抵消了苹果的创新优势。目前，谷歌打造的 Android 平台也在模仿苹果的 iPhone。

那么，如何才能正确地利用趋同化创新追赶竞争对手呢？一句话：**速度一定要快**。一般来说，投资趋同化创新主要有两大理由。首先，你的竞争对手已经借助最新推出的产品达到了换轨速度，你要迎头追赶，跟上它们的步伐。你的目标不是打败它们，甚至不是与它们齐头并进，而是要做到足够好，让你的客户认为你跟它们具有同样的竞争力。你不可能靠模仿来获得主导地位——你只需要让自己回到竞技场上便可。因此，趋同化创新有一个关键的衡量标准：你能以多快的速度回到竞技场？

其次，你要为行业的整体进步做出贡献，增加客户群最想得到的几个产品功能，满足客户群的愿望，以此表明你仍然在为它们的利益而投资。其中一些功能也许类似于"保健因素"，可以消除客户在使用产品过程中的不便和麻烦，其他功能也许是"激励因素"，⊖ 让客户发自内心感到喜悦。而且，无论增加哪一种功能，都会受到客户的欢迎。但是，这里并没有达到换轨速度的意图。你不想逃离这些客户，相反，你要与这些客户形成良好的关系。因此，趋同化创新不是什么惊世骇俗的颠覆性创新，只是普通的连续性创新，目的在于让产品更好一点。而且，跟以前一样，速度越快越好。千万不要给其他竞争者留下任何可乘之机，否则它们就会趁机入场，破

⊖ 保健因素、激励因素：出自美国的行为科学家弗雷德里克·赫茨伯格提出的激励因素 – 保健因素理论。——译者注

坏现有的竞争关系。

这两种趋同化创新的基本目标都与研发团队的兴趣和本能背道而驰，因此在管理上必须小心谨慎。没有哪个工程师每天努力工作只是为了创造"足够好"的产品，"一流产品"才是他们的目标。但重点是：一流产品就是一个傻瓜赌注（sucker's bet）！

客户不会为一流产品支付超高溢价，但会为中规中矩的产品支付稍微高一点的价钱。如果是超一流产品，也就是供应商利用差异化创新打造出来的无可匹敌的产品，就算要支付超高溢价，客户也心甘情愿。然而，客户也会惩罚不入流的产品。如果你的产品被客户视为不入流产品，那就说明你的产品达不到市场对任何一家公司的预期标准。你之所以达不到市场预期标准，可能是因为趋同化创新的速度还不够快。一切介于"足够好"和"一流"之间的产品，其溢价都远远不能覆盖成本。

说到底，一流产品也只不过是同类产品中最昂贵的一款而已。为了打造一流产品，你花光了所有的研发预算，但最终还是拿不出什么成果。陷入这种局面的公司并不少见，比如过去 20 年里的通用汽车公司，还有过去 10 年里的微软办公软件和 SAP 的 ERP 软件。这些公司的创新都耗费了大量的资金和时间，但带来的回报非常低——不要忘记，此时我们并不是要达到换轨速度，我们只要跟上市场竞争的步伐便可。相反，戴尔在 20 世纪 90 年代的个人电脑业务、惠普在过去 10 年的个人电脑业务都取得了不俗的成绩，Intuit 在过去 20 年的成功也相当亮眼。其间，戴尔、惠普和 Intuit 并没有推出能达到换轨速度的产品，但这些公司的趋同化创新都保持了较低的成本，而且管理得当，最重要的是速度足够快，因此取得了巨大的成效。

当然，有史以来最成功的趋同化创新要数比尔·盖茨领导下的微软公司。在20年的时间里，盖茨通过趋同化创新使很多竞争对手的王牌产品丧失差异化优势，只能眼睁睁地看着微软从自己手中夺走数十亿美元的收入，其中包括 Lotus 的电子表格软件 1-2-3、MicroPro 的文字处理软件 WordStar、Ashton-Tate 的数据库软件 dBASE、Aldus 的演示文稿软件 Persuasion、Novell 的网络操作系统 Netware、Lotus 的协同办公软件 Notes、Netscape 的网页浏览器软件 Navigator。他完全不需要把产品做到最好，就能打败竞争对手，不管是电子表格、文字处理器、文件服务器，还是电子邮件客户端，都是如此。只要做出足够好的产品，他就具有强大的竞争力。他不但迅速做到了，而且乐此不疲。

你如何才能做到呢？怎样才能使研发专注于创造真正的价值，避免把时间和精力浪费在注定失败的事情上呢？关键是要专心致志，有的放矢，追求你最想要的效果，也就是能使目标客户真正产生共鸣的效果。在此，我们提出了一个简单的分析框架，可以帮助你确定目标（见图 5-3）。

该分析框架有一个

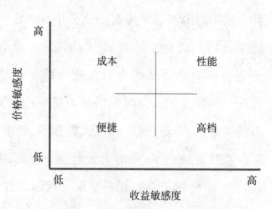

图 5-3　价格 / 收益敏感度：顾客如何理解价值

前提：无论是哪一种类型的采购，顾客都会自动划分为图中的四个象限，然后根据自己所在的象限选择产品。以你自己为例：

- 如果你对某一种产品的收益非常关注，但是对价格不敏感，那么你就属于高档象限，全世界的奢侈品和奢侈服务厂商都渴望得到你的青睐。这就是我购买万宝龙圆珠笔时的感觉，尤其是 Authors 系列。

- 如果你对收益比较关注，同时对价格也比较敏感，那么你就属于性能象限，你可能会花几个小时来决定哪一种等级的产品是最好的选择——标准版、豪华版，还是旗舰版？这就是我选购葡萄酒时的感觉，尤其是 Meritage 红酒；我很喜欢精彩的葡萄酒货架海报。

- 如果你对收益不是特别在意，但是对价格比较敏感，那么你就属于成本象限，价格最低是你的主要决策标准。这就是我在餐馆选择饮品时的感觉——自来水就可以了。

- 最后，如果你对收益和价格都不敏感，那么你就属于便捷象限，你只希望别人来替你做购买决定。这就是我选择家庭维修服务时的感觉。

以上便是价格／收益敏感度模型。我相信你已经明白，将趋同化创新的预算平均分配给四个象限是非常糟糕的做法。事实上，这是浪费最大的预算分配方法，但也是最为常见的。为什么呢？因为如果你在每个象限都赌一把，无论是哪一个象限的创新，你都提供一些资助，那你就能够顾及每一个人的利益，无论最终结果如何，都没有人可以指责你。但遗憾的是，雨露均沾只会让你在真正重要的象限表现不佳，结果为你的竞争集合创造了可乘之机。

要充分利用这个模型，正确方法是选择两个最符合你的核心价值主张的象限，然后押上所有赌注。为了避免把问题复杂化，我们借用价值信条[⊖]（value discipline）的概念对此进行说明。如图 5-4 所示，其中椭圆阴影处就是你可以考虑押注的象限。

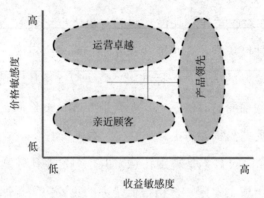

图 5-4　价值信条与价格 / 收益敏感度

- **产品领先**战略主要针对的是收益敏感型客户。至于从哪一个象限入手，由你自己决定，你可以从高档开始，然后逐渐追求价值，也可以从价值开始，然后逐渐提高档次，只要保持在右边象限就行。其他象限的收益也会吸引你的目标客户，争夺它们的注意力，你必须想办法将其一一消除。
- **运营卓越**战略主要针对的是价格敏感型客户。你可以从左边

⊖　价值信条模型是 CSC Index 系统公司的咨询师迈克尔·特里西（Michael Treacy）和弗雷德·威尔斯马（Fred Wiersema）在其作品《市场领导学》（*The Discipline of Market Leaders*）一书中提出的模型。——译者注

的商品化开始，然后逐渐追求质量，也可以从质量开始，然后逐渐将成本降到最低，只要确保你的创新预算集中在上面两个象限便可。如果别人的价格比你更低，你必须想办法加以应对，绝不能置之不理。

- 相比之下，**亲近顾客**战略旨在赚取价格溢价，因此主要针对的是价格敏感度低的客户。你可以选择高档象限，也可以选择便捷象限，一切取决于你自己，但是一般不会出现从高档发展到便捷或者从便捷发展到高档的情况。无论你选择哪一个象限，你都应该坚持到底，只有如此，你对创新的投资才能获得最大的回报。你必须赢得目标客户的心，确保它们保持较高的忠诚度，绝不允许其他供应商耍诡计挖走它们。

无论你选择押注哪一个象限，你都要记住两条规则：不要追逐；不要道歉。也就是说，趋同化创新工作必须从头到尾都集中在你一开始选定的两个象限，另外两个象限已经无关紧要，不必理会。而且，要唯目标客户马首是瞻，依照目标客户的喜好行事，同事的意见只是猜测，就算有参考意义，也应该是非常次要的。

不要忘记，我们现在讨论的是趋同化创新，不是差异化创新。关于如何进行趋同化创新，我们提出了一些方法，帮助你把资金投入客户最愿意花钱的地方，让你能够留住现有的客户。但是，这些方法并不能帮你获得新客户。如果再用格列佛的故事做类比，现在我们已经让他站了起来，他能够在小人国自由走动，但我们还没办法让他回到家里。要让他回到家里，我们需要一个更强大的价值主张。这个价值主张必须对我们的目标客户极具吸引力，足以使它们放弃当前的供应商，转而购买我们的产品。简而言之，我们现在需要的是差异化创新。

差异化创新：再一次挑战极限

在讨论差异化创新时，我们必须十分谨慎，首先要明确差异化的定义。从广义上看，世上万事万物皆有差异。因此，无论是哪一种创新都能带来一定程度的差异化。但是我们现在讨论的不是这层意义上的差异化。在这里，为了获得换轨速度，为了让格列佛离开小人国、前往大人国，我们必须创造极其明显的差异，要达到安迪·格鲁夫（Andy Grove）所说的 10 倍效应（10X effect）。

其实道理很简单。一个新产品想要打破当前的品类市场格局，必须在某些方面创造价值，而且创造的价值要比当前的市场标准高一个数量级。那可是一个数量级的进步啊！你手里只有下一代产品的正常预算，那你该怎么做，才能实现一个数量级的价值提升呢？

答案是不对称押注。用核心／外围模型来说，你要从新产品的所有要素中选择一个要素作为核心，核心必须只有一个，剩余的每一个层面都被视为外围。新产品的任何一个要素都可能需要投入资金，所以你必须尽可能地削减对所有外围的投资，将全部筹码都压在一个赌注上，也就是核心上。不对称押注不一定能成功，但一定会万众瞩目。

我们建立了一个帮助管理团队进行不对称押注的模型（见图 5-5）。

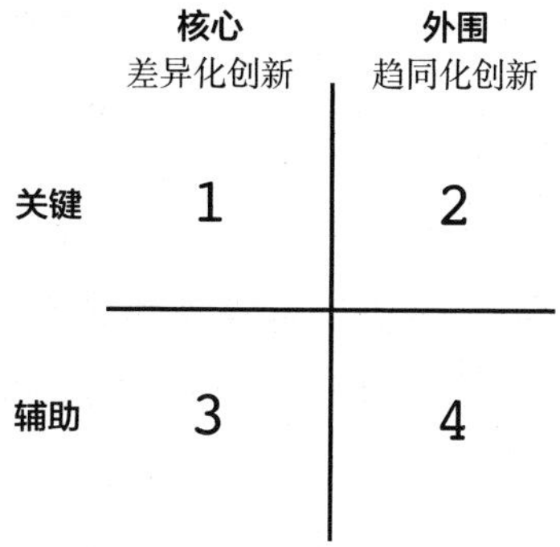

图 5-5　打造无可匹敌的产品：核心 / 外围模型

　　核心是使产品无可匹敌的优势特征，是差异化的直接来源。外围是核心之外的其他产品特征和属性。显然，任何产品的绝大部分特征和属性都是外围，而不是核心，在我们目前讨论的情况中，占比越大不代表越重要。把大米做成美味的西班牙番红花饭，只需要一点点番红花粉就行，但关键就在于那一点点番红花粉，核心的作用也是如此。为了打造最好的核心，你必须不惜一切代价，只要有必要，除核心之外的任何外围都可以牺牲。

　　当然，核心与外围的权衡取舍并不是孤立的，还要考虑其他因素。在品类市场上，其他供应商也在以自己的核心为卖点推销产品，从而形成了现行的品类标准（norms）。那么，你的产品的整体表现在现行的品类标准下处于什么水平，也是一个必须考虑的因素。在考虑产品是否达到现行品类标准的时候，我们要重点区分哪些标准对公司的命运起关键作用，哪些标准只是起辅助作用。

　　对公司的命运起关键作用的标准是必须要达到的。如果达不到，你的产品就会失去可信度，竞争对手也会趁机对你大肆攻击，即使产品有更新颖的功能也无人关注。苹果公司的掌上电脑牛顿（Apple Newton）就遇到了这种情况。在问世之初，这款产品是相当新颖的，但它的手写识别功能却根本无法使用。同时，根据我们刚才对核心与外围的划分，对公司的命运起关键作用的标准属于核心象限，一切与之无关的工作都应该列入外围象限，仅提供趋同化创新的资源。这一点必须牢牢记住，因为打造"一流产品"的诱惑极大，而且你的外围往往是别人的核心，所以很容易偏离轨道。

在实际应用中，核心／外围模型的四个象限需要区分优先次序。大体上来说，象限1（关键核心）要优先于其他象限，象限2（关键外围）的优先级要高于辅助作用的象限3和象限4。在象限2之后，如果你还有资源，你应该投入到象限3（辅助核心）。如果可能的话，你应该将象限4（辅助外围）的任务外包给其他公司。

现在，鉴于关键核心（象限1）享有极大的优先权，对于哪些产品内容应该列为关键核心，我们必须谨慎选择。首先，要确保有客户渴望得到你设想的10倍改进，产品一旦上市，他们就会马上购买。其次，要确保你的核心能力和"皇冠明珠"能够完美地实现你所设想的10倍改进，让你的产品在市场上鹤立鸡群。这是至关重要的一点，因为你不可能仅仅靠自己的力量创造出一个数量级的差异化优势，即便你做得到，在产品发布之后，你也不可能阻止别人模仿你。

总而言之，我们要利用自己的核心能力和"皇冠明珠"，创造出客户极其渴望得到的10倍效应。想想看，你在哪里见过这样的例子？好好想一想这个问题，你想到哪些公司？不要说苹果公司，虽然苹果公司在这方面取得了非凡的成就，但这是一个过于容易的答案，所以我禁止拿苹果公司作为例子。我们可以看看以下几家公司：

- Salesforce.com 公司利用自己在托管软件架构和软件即服务商业模式方面的核心能力，开发出下一代企业软件，其安装和运用成本仅为 Seibel、甲骨文、Peoplesoft 和 SAP 等公司建立的行业标准的 1/10。

- Skype 公司利用自己的"皇冠明珠"—对等网络协议，将每个用户的计算机接入基础网络，无论你在任何地方，你都可以给另一个 Skype 用户免费打长途电话。

- 思科公司利用自己在路由和交换协议方面的核心能力，开发出网真系统（TelePresence），使视频会议体验效果提升了10 倍。

- 维基百科利用自己的"皇冠明珠"——协作治理模式，通过招募一群普通志愿者担任网站编辑，然后由网站编辑招募各专业领域的志愿者担任撰稿人，使网络百科全书的可访问性和普及性提升了 10 倍。在不到 10 年的时间里，维基百科超越了《大英百科全书》的全球标准，迫使微软的百科网站Encarta 退出市场。

- VMWare 公司将 Hypervisor 虚拟化技术用于异构操作系统，通过利用每台计算机和存储设备的冗余容量，使数据中心的配置成本只有原来的 1/10。

这些公司并不是例外。在之前的十年里，Palm Computing 公司利用自己的 Graffiti 手写输入法，打造出一款掌上电脑，其性能比当时的电子记事本和便携式计算器高 10 倍；戴尔公司利用自己的直销渠道和按订单生产的供应链，为我们创造出比 IBM、康柏和惠普便利 10 倍的购物、采购和支持体验；摩托罗拉借助自己在无线电技术方面的"皇冠明珠"，开发出比其他手机精致 10 倍的手机 RAZR，其机身薄得令人无法想象。

可见，把产品的性能提升 10 倍不是那么令人震惊的事情，更令人震惊的反而是我们竟然没有更经常地这样做。怎么会这样呢？好吧，说句公道话，把产品的性能提升 10 倍也并非易事，但成功的可能性比人们想象中的大。那么，是什么阻挡了我们的脚步呢？一言以蔽之：**非对称风险**。

与初创企业不同，成熟企业可以失去的东西很多，排在前三位的是品牌声誉、客户忠诚度和股票市值。而且，要是在决策上有什么行差踏错，成熟企业很容易就会成为诉讼的对象，进一步增加了风险。最后，从个人职业发展的角度来看，大多数公司更喜欢职业生涯无一瑕疵的经理人，过去曾经摔过大跟头的领导者往往没有机会得到最高职位。

上述所有情况的后果令人失望，而且都可以预见。所以，潜在的领导者就会踌躇不前，担心自己押注错误，不敢做出真正不对称的押注。当然，事实也并非总是如此。我们确实有不少成功的榜样，比如史蒂夫·乔布斯、比尔·盖茨、拉里·佩奇（Larry Page）、谢尔盖·布林（Sergey Brin）、夏嘉曦（Shai Agassi）、杰夫·霍金斯（Jeff Hawkins）、约翰·钱伯斯、吉米·威尔士（Jimmy Wales）。如果以上有谁你不认识，一定要上网搜索一下，你会发现，输入每一个人的名字都会出来好几页搜索结果，因为打造出 10 倍改进的产品让他们功成名就，他们也因此成为卓越的领导者。我想强调的是：你也可以做到。没错，就是你。虽然现在搜索你的名字，搜索结果可能连一页都没有，虽然你手里的下一代产品预算可能连谢尔盖和拉里的私人飞机一个小时的燃料都买不起，但是，你也可以打造出 10 倍改进的产品。当然，不是每次都能成功，你需要得到外界的帮助，还需要有一些真正厉害的"皇冠明珠"。可是，你看看自己周围，你真的敢说，现在这些条件你都不具备吗？我们与很多公司有过合作，其中大多数公司在大多数时候都具备创造 10 倍效应的条件。在过去 20 年里，IBM 公司不是没有这些条件，通用电气、通用汽车、英特尔、甲骨文、惠普也一样。

这些都是伟大的企业，因为它们都曾经创造出 10 倍效应，只是近年来没有做到而已。如果你在这样的企业工作，你并不缺乏再度创造 10 倍效应的资金和技术。正是非对称风险让大家踌躇不前，因此这个问题必须提上议事日程。选择打造 10 倍改进的产品是有风险的，但是放弃也同样有风险。除非放弃的风险已经非常接近选择的风险，否则公司很难做出抉择。在几年前，诺基亚显然并没有真正理解非对称风险，现在它终于理解了。摩托罗拉也一样，还有戴尔、柯达、施乐等公司，也是如此。如今，这几家公司采取的行动都比过去几年激进得多，这并非偶然。现在，这些公司也在押注 10 倍效应。坦白说，这不仅仅是因为它们想创造 10 倍效应，还因为形势逼人，不得不如此。

那你还等什么呢？这些颠覆性力量已经动摇了那些伟大企业的根基，难道你真的以为你的公司能够逃过一劫吗？在这个变化的时代，你真的以为你按兵不动就能万无一失吗？如果你根据我们提出的五层竞争力模型，仔细审视你目前的风险状况，你可能会发现，你以为的风险非对称性已经不复存在，原因不是传统风险有所减少，而是现在出现了更多新的风险。要是果真如此，那押注10倍效应才是万无一失的选择，而且要尽快押注，越早越好。

小结

在五层竞争力模型中，企业管理层对于如何经营产品力的争论是最多的。这完全可以理解，因为产品力是五个力层中唯一可以直接创造收入的层级。不过，产品力问题不能只在会议室讨论，产品力的管理与产品、渠道、客户的管理结合起来，效果才是最好的。

本章详细介绍了生产率、趋同化、差异化三种创新回报。管理层可以采取措施，以这三种创新回报为框架调整公司的组织结构，使公司的日常运营更有利于创造产品力。此外，管理层还要坚持一个重要原则：公司每一个创新计划只能以其中一种回报为主要目标。如果创新团队妄图追求两种甚至更多回报，浪费就不可避免，随后，新产品在市场上也表现平平，最终导致团队灰心丧气，公司实力大损。

这就是美国讯宝科技公司的管理团队在2003年面临的局面。罗布·塔考夫（Rob Tarkoff）接手Adobe公司的企业系统业务时，也遇到了同样的情况。这两家公司摆脱困局的策略可以称得上利用产品力的典范。

案例：在讯宝科技公司创造产品力（2003 ～ 2006 年）

比尔·纳蒂（Bill Nuti）接任讯宝科技公司 CEO 的时候，公司正面临内外交困的局面。一方面，公司因为财务造假被查，导致公司内部上下人心惶惶；另一方面，公司的主营品类（条形码扫描器和三防移动计算机）曾经在市场上遥遥领先，但在过去五年里，这两个品类的市场份额都逐年下降。他和产品主管托德·休林（Todd Hewlin）、销售主管托德·阿伯特（Todd Abbott）和营销及并购主管约翰·布鲁诺（John Bruno）一起找到了摆脱困局的出路。以下便是他们的应对方式。

遵循在行动之前先制定清晰蓝图的原则，营销及并购主管约翰·布鲁诺带领一个团队为公司重新定位，围绕公司的三大数据能力——捕获数据、移动数据、管理数据——设计了一个全面的组织架构，能够充分利用现有的"皇冠明珠"（条形码扫码技术用于捕获数据，三防移动计算技术用于移动数据），并创造出一个管理上的需求（将边缘系统接入企业的核心 IT 系统的管理软件，通过自行开发和收购获得）。事实上，这个团队开创了一个新的品类——企业移动应用平台，并且明确自己的目标细分市场是蓝领和灰领工人（蓝领多在户外工作，灰领多在室内工作），而不是白领和无领（白领是使用智能手机的专业人士，无领是使用普通功能机的低收入消费者）。

在企业移动应用战略下，讯宝科技公司旗下实力最强的两大品类重新焕发了生机，工程和销售部门的工作也有了明确的方向和目标。

在产品方面，托德·休林面对的是一个高度分散的研发环境，公司所有的产品都是独立研发，各自为政。结果，公司的营收虽然达到了 10 亿美元，但是公司的存货单位多达 1.7 万个，过剩库存和备件超过 1 亿美元。根据公司的企业移动应用战略路线图，托德·休林带领团队制订了一份运营计划，在生产率、趋同化、差异化三个方向同时进行创新，全力开发一个通用的平台架构，为公司的捕获数据、移动数据、管理数据三大核心能力提供全面支持。

这份路线图是生产率创新取得成功的关键。经过努力，托德·休林团队将每一个现有产品和存货单位与路线图的某个时间点精准对应，到了一个时间点，公司将会推出一个平台产品代替原来的存货单位——换言之，这个时间点就是停产时间。公司的目标是在两年时间内淘汰掉 1.2 万个存货单位。在这两年的时间里，停产项目经理苏珊·文茨（Suzanne Wenz）按部就班地完成了这项淘汰工作，从来不搞"突然袭击"。客户和渠道合作伙伴提前收到多次停产警告，有足够的时间安排最后一次"停产前购买"。市场部和销售部的员工都十分熟悉路线图的时间节点和新产品的价值主张，能够帮助客户顺利度过这个过渡阶段。

同时，开发部也开始在新技术平台的基础上推出下一代产品。既然支持新产品开发的平台基础设施已经到位，那公司就可以把更多资源用于开发新功能，其中包括：

- 三防移动计算机的外形可以根据客户的喜好做成枪支形状、砖头形状或大号 PDA 形状。
- 键盘（磨损很快）可以现场更换。
- 将电池续航时间延长到一个轮班班次（这是一项非常昂贵的工程任务，但是只要取得突破，就可以用于整个产品线）。
- 不同的设备可以共用底座和配件，不需要专门配备。
- 提供通用的软件栈，客户的应用程序可以在任何设备上运行，不必为每个设备单独编写。

有意思的是，虽然这一系列新功能确实令人感到耳目一新，但是它们并没有为公司创造出换轨速度。不过，作为趋同化创新的成果，新功能也肯定能吸引客户闻风而动。事实上，创造出换轨速度的是差异化创新。这项创新使产品的三防性能提升了 10 倍，能够帮助客户解决一个很大的麻烦，公司的新产品也因此彻底拉开了与其他竞争产品的距离。如果一台三防移动计算机突然发生故障，那客户的整个业务流程都会陷入停滞，这是很多现场销售和服务机构亟待解决的一个巨大痛点。

公司的新产品进行了 2000 次（行业标准是 200 次）3 英尺[⊖]坠落试验，而且是第一款通过 7 英尺坠落试验的设备，使市场标准发生了重大变化。在新功能的支持下，公司新推出的 MC-9000 系列产品在上市第一年的收入就高达 2.4 亿美元，占当时公司总产品收入的 1/7 以上。

　⊖　1 英尺 =0.3048 米。

MC-9000系列产品能取得如此亮眼的成绩，当然也离不开公司在产品入市方面的创新。具体而言，公司将其系统愿景转化为一系列垂直市场营销计划，每一个垂直市场由一位市场经理负责，每一位市场经理都要完成垂直目标市场的收入指标。这样做也有利于明确产品开发的优先次序，确保一线销售人员既有可以卖的产品，也有可以打动客户的价值主张。

同时，产品经理将以前杂乱无章的产品线按照"合格、良好、优秀"进行分类管理，中间的"良好"产品有几十种，彼此之间相互竞争，两端的"合格"产品和"优秀"产品都为数不多。但是，"合格"产品是招揽入门级渠道合作伙伴的关键，而"优秀"产品则是拿下大客户的法宝，因此，在实施新的管理方式后，公司在这两方面的成功率都有了大幅提升。

在销售方面，托德·阿伯特将以产品为导向的销售队伍（向每一个客户销售定制的解决方案）转变为以平台为导向的解决方案销售队伍，与垂直目标市场保持一致。可以预料的是，这种转变是相当痛苦的，很多职位需要调整或替换，人事关系也需要重新定位。有些客户抱怨，他们原来的定制解决方案已经"久经考验"，为什么还要停产。每到这种时候，托德·阿伯特必须坚定立场，就算是最大的客户跟他抱怨，他也不为所动，绝不允许提高生产率的创新工作出现任何倒退。他向手下的团队传达的信息很简单：现在有什么产品就卖什么产品，这样做既有利于公司，也有利于客户的未来，更重要的是，我们今天卖的产品就是我们最好的产品。不要把时间继续浪费在以前的产品上，不要老在压路机前捡钢镚儿，不要总是舍本逐末。

讯宝科技公司的这一系列举措取得了十分显著的成效。在三年时间内，公司的产品收入从 11 亿美元提高到 15 亿美元。2006 年，公司以 39 亿美元的价格被摩托罗拉收购，此时公司的市值比以纳蒂为首的管理团队接手公司的时候增长了 300%。由始至终，公司经营的品类从未发生变化，公司的垂直目标市场也没有发生变化。可见，讯宝科技公司的成功正是产品力的有力证明。

案例：在 Adobe 公司创造产品力（2008 ～ 2011 年）

2008 年，罗布·塔考夫是 Adobe 公司负责并购和战略交易业务的主管。在创立初期，Adobe 公司因为 PostScript 打印机和 Acrobat Reader 阅读器声名远播，最近则因为数字设计软件 Creative Suite 和网络视频播放器 Macromedia Flash Player 备受追捧。2008 年，山塔努·纳拉延（Shantanu Narayen）开始担任公司的 CEO，要求罗布·塔考夫负责另一项任务：企业软件市场。当时，Adobe 公司的业务主要集中在消费者市场。塔考夫接受挑战，接过了公司的 Acrobat 软件业务和企业工作流程软件开发工具业务，前者的市场已经成熟，后者的发展已经陷入停滞。显然，在当时强者云集的企业软件市场，Adobe 公司应对竞争尚无招架之力，更不用说能脱颖而出，况且也没有人看好 Adobe 公司能在企业软件市场有所作为。这必然会导致企业软件团队心灰意冷，纪律涣散，开发进度拖沓不前。

塔考夫是如何应对的呢？他首先为企业软件团队重新提出了一幅清晰的愿景——帮助企业客户改进面向消费者的软件系统，大幅度提升消费者的使用体验，达到不亚于谷歌、Facebook 等公司的用户体验标准，并将改进后的新系统称为客户融合管理（CEM）。为了实现这一目标，他们必须利用公司现有的设计软件 Creative Suite 和企业 IT 工具，而且要得到公司的用户体验咨询团队的帮助。在项目正式启动之后的一年时间里，公司与几个旗舰客户合作开展试点项目，验证这一产品的可行性。但是，对于 Adobe 公司最终能否依靠公司现有的工具成功开发出可以大规模使用的企业管理软件，公司内外都存在很多怀疑的声音。

塔考夫接下来的行动为创造换轨速度奠定了基础。他指派手下一位重要的助手罗布·平克顿（Rob Pinkerton）负责新产品的跨越鸿沟任务。平克顿需要挑选一个目标市场作为滩头阵地，使 CEM 项目顺利越过第二轴缺口。平克顿向我们公司咨询，在我们的帮助下完成了这项工作。后来，在回忆起这段经历时，塔考夫说：

> 那时候，Adobe 的企业工作流解决方案业务真是每况愈下，但我们决心要让它脱胎换骨，成为提供一流客户体验的市场领导者。要做到这一点，我们遇到的最大困难是让团队所有成员齐心协力。项目团队的交流方式、项目的工作框架和结构给我们带来了克服困难的信心。每一次交流都让我们感到振奋，我们用同样的词语、同样的概念，深入讨论一个个切实可行的议题（而不是虚无缥缈的无底

洞），一步一步地推动我们的战略，让我们面前的市场机会变得更加清晰。我们甚至看到了以前从未想过的可能性。更重要的是，我们的团队形成了一种积极向上的拼搏精神，仿佛为公司注入活力，使整个公司都变得朝气蓬勃。

此外，项目让团队所有人——上至塔考夫，下至基层员工——都把工作重点放在使 CEM 项目取得成功的核心上。专注于核心之后，团队很快就明白，如果光靠他们自己的力量，一些核心功能恐怕无法实现，所以塔考夫支持 Adobe 公司收购 Day 软件公司。此次收购为 CEM 产品提供了一个重要的整合平台，公司内部战略文件称之为客户的"在线互动中心"。在此之前，Adobe 公司已经收购了网站分析公司 Omniture，但是收购之后一直独立管理。塔考夫将 Omniture 软件与 CEM 产品紧密结合起来，Adobe 公司在营销人员和企业买家群休的信誉也因此有所提升。

随着各项工作的顺利开展，塔考夫在"全力以赴"（All in）的新口号下进行了一系列的管理改革。改革加快了整个项目团队的工作节奏，公司新提拔的领导者（包括 Day 软件团队的主要成员）都亲自披挂上阵，全力以赴地投入热火朝天的 CEM 开发工作中。改革从根本上改变了公司内部的行事规则，CEM 项目的正式或非正式领导者得以放开手脚，他们积极开动脑筋，采取各种创新策略促进产品销售、开发解决方案。同时，CEO 山塔努·纳拉延也看到了 CEM 产品的发展潜力，将 CEM 项目作为首要议题，列入 Adobe 公司季度投资者沟通会、Adobe 公司核心增长引擎内部讨论的会议日程。这确实是一个相当大胆的举措。在企业软件市场，Adobe 公司一直以来只是无名小卒，此时却大举进军，并声称将在一夜之间将其颠覆重塑。

市场对于 Adobe 公司给予了超乎寻常的热烈反应。在搭载 Day 软件的新平台推出后不到一个季度的时间内，超过 15 家有消费者业务的《财富》500 强企业邀请 Adobe 公司前去拜访并与高层进行面谈。在半年之内，Adobe 公司的销售漏斗进一步扩大，很多大企业已经将定期与 Adobe 公司沟通列为营销和业务部门的主要任务之一。在大客户的争夺中，Adobe 公司可谓大获全胜。Adobe 公司预测，在 2011 年余下的时间里，新平台的市场增长前景非常好，增幅明显优于公司的其他业务。因此，公司将会迅速实现一些重要目标，并且顺利越过第二轴，进入第一轴阶段。

产品力的威力，可见一斑！

Escape Velocity

第 6 章
执行力：策划换轨方案

在前面的章节中，我们提出了五层竞争力模型，详细探讨了如何通过创造品类力、公司力、市场力和产品力，帮助公司达到换轨速度。但是，如果缺乏执行力——五层竞争力模型的最后一个力层，如果我们制订的换轨速度计划无法落到实处，那我们前面所讨论的一切都是白费工夫。现在的问题是公司现有的产品上市系统已经形成了惯性，我们要想办法克服这种惯性，完成对下一代产品的规模化布局。为了充分认识并且顺利解决这个问题，我们需要做到以下几点：

- 对企业执行的动态特征建立总体模型。任何一代产品在其生命周期中都会经历发明、布局、优化三个阶段，企业执行的动态特征随着产品进入生命周期的不同阶段而不断演变。

- 重点研究从发明到大规模布局的过渡阶段的动态特征，特别关注触发引爆点的关键之处，以及发挥催化作用的相关项目。
- 根据上述动态特征调整公司的组织发展框架，构建最适合应对换轨挑战的领导结构和组织形式。

以上三点便是本章的主要内容。

企业执行的动态特征

我们一直强调，不同企业的内部关系和动态变化差别很大，取决于企业的商业架构是复杂系统模式还是规模运营模式。从发明到布局再到优化，两种商业架构模式的执行过程都可以抽象为一张弧线图，但是这两张弧线图的具体内容大不相同。

复杂系统模式的执行弧线图如图 6-1 所示。

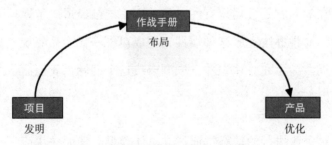

图 6-1　执行弧线图：复杂系统企业

复杂系统模式的企业，其创新执行模式是**项目模式**。面对非同寻常的挑战，早期采用产品的客户、创新系统产品的供应商、极其成功的专业服务机构联手合作，创造出前所未有的解决方案。这是一个属于旗舰客户的时期，它们的参考意见无比重要，就像灯塔一样指引着市场的方向。

项目模式的问题在于不能大规模开展。因此，如果这个解决方案的市场已经开始腾飞，那投资项目的企业必须想办法制作软件包，提高解决方案的可复制性。此时，执行模式需要从项目模式过渡到**作战手册模式**。

作战手册是根据客户的具体要求预先配置的解决方案包。制定作战手册的任务以一个预先建立的架构为基础，已经具备了解决方案的基本组成要素，而不是从零开始构建一个符合特定项目规格的解决方案。最后交付的产品并非固定不变，而是按照客户要求定制的。所以，作战手册可以大规模复制，就好比吊桥、飞机和滚石乐队的巡演。

随着市场进一步成熟，成本和风险降低，规模化需要进一步提高。此时，执行模式要从作战手册模式过渡到**产品模式**。在这个阶段，许多过去由专业服务机构提供的要素，现在需要设计成产品的一部分。复杂系统产品的安装和整合仍然需要相当丰富的专业知识，但现在的经营意图不是定制，而是配置，就好比装配式房屋（kit house）、房车和家庭影院。

可配置产品是交付复杂系统解决方案的最有效方式。在执行弧线上，可配置产品占主流的阶段利润率是最高的。然而，只有在系统不断优化的情况下，高利润率才能维持，而优化的主要方式是用商品化的部件和子系统取代成本高昂的定制部件和子系统。接下来就是规模运营模式发挥作用的时候了——规模运营一开始是复杂系统的盟友，最后成为复杂系统的低成本替代品。

规模运营企业的执行过程也是一张类似的弧线图，同样包含从发明到大规模布局再到优化三个阶段，但具体内容不一样，如图 6-2 所示。

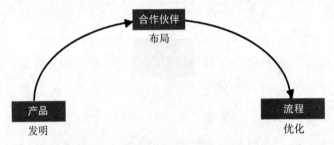

图 6-2　执行弧线图：规模运营企业

复杂系统企业在优化阶段采用产品模式，而规模运营企业在发明阶段采用产品模式。产品模式既适用于实物产品，也适用于交易服务。无论哪一种，产品模式都要创造出一个高效的功能实体，能够通过即时交易提供直接价值。例如 MP3 播放器、LED 照明灯具或医疗保健网站。

在实验阶段，产品的形式一开始是原型版，随后演变成" α 版本"（内测版）和" β 版本"（公测版），然后形成正式的 1.0 版（标准版），但实际上可能只是 0.8 版（测试版），此时购买风险较大。如果获得市场采用，产品就会发布版本号更大、可信度更高的更新版本。

当然，获得市场采用才是一个最大的挑战。如果没有一群潜在合作伙伴深度参与，规模运营产品就无法实现大规模布局。此时，执行模式要从产品模式过渡到**合作伙伴模式**。

企业可以通过多种形式构建合作伙伴关系，实现产品的人规模布局。例如：

- 与连锁零售店合作，获得实体分销渠道。
- 赢得设计招标，成为既有复杂系统产品线的组件或子系统供应商。
- 打造合作伙伴生态系统，以产品增值促进产品销售。
- 招揽特许经营加盟商，推广已验证的商业模式。
- 与现有供应商建立联盟关系，以便将产品引入和整合到供应商当前的系统环境中。
- 与广告商合作，使免费媒体或免费增值商业模式（freemium business model）的免费部分变成收入来源。
- 激励早期客户宣传和推广产品，把产品介绍给亲友，成为事实上的免费分销渠道。

以上都是大规模布局规模运营的产品和服务的方法。建立合作伙伴关系能够创造协同效应，实现优势互补，如果实在有必要，合作伙伴模式就算没有其他推动力，也可以维持一段时间，但不可能一直维持下去，迟早需要一个巨大的推动力，而获得这个推动力是布局阶段的重中之重。例如苹果公司的 iTunes 应用程序对 iPod 系列产生的推动作用，或者汽车制造商采用 LED 技术对汽车前后照明系统设计带来的变革，或者药品和医疗产品行业通过广告为健康护理类网站提供的支持。

在规模运营模式下，大规模布局取得成功的案例并不常见（根据宝洁公司的数据，在消费包装商品领域，高达80%的新产品都没有获得牵引力）。但只要能够布局成功，公司就有无穷的动力不断地改进产品的质量，降低产品的成本。在这种情况下，执行模式也随之发生变化，从合作伙伴模式过渡到**流程模式**。

流程优化是规模运营模式的标志性能力。在一个企业内部，流程优化是由运营团队推动的。然而，在一个分布式网络中，情况有点儿不一样。在分布式网络中，流程优化的推动者就是网络中实力最强的参与者，往往是提供真正热门产品的供应商或客户覆盖面最大的零售商。它们对其他实力较弱的参与者步步紧逼，使其不断做出让步，达到推动市场扩张、提高自身利润份额的目的。微软、苹果、沃尔玛和谷歌都是这方面的例子。

以上便是复杂系统和规模运营两种商业架构的执行模式。当然，上面介绍的只是大致情形。实际上，这些模式的动态特征已经融入企业日常执行管理，至于具体细节问题，相信你自己比我们更了解。

然而，由于身在企业内部，你也许不大能看清楚不同执行模式的最佳组织发展原则。但是，选择合适的组织发展原则非常重要，因为从发明到布局到优化，各个阶段最需要的领导类型和组织形式有很大的不同。遗憾的是，在大多数企业，无论是组织形式，还是领导层，在某一产品线的整个生命周期之内都保持不变。换言之，在执行模式的三个阶段中，至少有两个阶段的管理团队没有达到最优。这是成熟企业业绩表现不佳的一个重要原因，而且还会导致极大的惯性阻力，妨碍下一代产品获得换轨速度。

因此，要真正摆脱困境，我们必须找到一种方法让发明、布局、优化"三把火"都烧起来：每一个阶段都具备最优的组织形式，每一个执行模式都由最合适的人才担任领导。而且，在市场需要的时候，我们还要想办法将产品从一个执行阶段过渡到另一个执行阶段。这看起来似乎难度很大，其实并非如此。你不用重组整个公司的组织结构，只需要在局部进行调整。至于具体如何操作，接下来我们将进行详细介绍。

执行的艺术

所谓执行的艺术，就是在公司局部范围内创建卓越中心，专门为发明、布局、优化提供支持，并在这三种能力的基础上培养第四种能力——过渡能力。以下是各阶段的详细情况。

- **发明阶段：发明者 + 综合团队**。发明阶段一开始通常位于第三轴，到创新产品计划进入市场时会过渡到第二轴。这是一个投资风险高但执行风险低的时期，此时能够获得更多回报的是高瞻远瞩者，而不是实用主义者。因此，希望让发明者担任领导角色。

发明者对正在进行的探索任务有深刻洞见，对成功有一种直觉认知，尽管尚未看到成功，但仍然愿意跟随自己的直觉行事。创造出苹果 i 系列产品的史蒂夫·乔布斯、打造迪士尼乐园的华特·迪士尼、创立 Facebook 的马克·扎克伯格就是典型的例子。

发明的最终结果——最终推出的产品——必须无懈可击，但在通往最终产品的道路上，你迈出的每一步都需要随机应变。对于最终结果是什么，或者会遇到什么障碍，你并没有准确的答案。通向成功的道路一定是由多次失败铺就的，每一次失败之后，你都要快速做出反应，紧锣密鼓地检查出错的原因并实时纠正。

要做出如此敏捷的反应，必须建立一个高度综合的团队，团队的研发、工程、制造、销售、服务和营销等所有关键职能部门都直接向一位富有创业精神的领导（通常是总经理）报告。其他任何一种组织形式的响应都不可能实现如此低延时的反应。你必须迅速获得一切需要的支持，没有时间通过各种渠道或者人情关系进行沟通。

话虽如此，我们也应该看到，这种模式无法形成规模，因此需要过渡到执行弧线图的第二阶段。

- **布局阶段：布局者 + 直线职能组织**。布局阶段在第二轴期间与发明阶段重叠，过渡到第一轴之后便不再存在交叉。布局阶段的重点是增长，首先要具备重要性（这是公司内部的一个关键指标，我们在第 2 章已经对此进行了讨论），然后要在持续性增长时期实现市场份额最大化。

布局者天生就是这一阶段的领导者。他们具有竞争意识，注重业绩表现，乐于接受挑战，也喜欢在挑战中争取最高收益。他们是彻头彻尾的实用主义者，无论是需要掌控的局面，还是计算报酬的标准，事无巨细，他们都必须弄得清清楚楚，容不得一丝含糊。只要可以量化，就必须量化；成功该拿多少报酬，也一分都不会少。因此，高盛公司有人获得巨额薪酬，微软公司有人通过股票期权创造财富，体育界也有明星职业运动员拿下天价合约。

在直线职能组织形式下，销售、营销、工程等部门分别向不同的高管报告，这种组织形式能非常有效地解决布局方面的问题。随着系统模糊性完全消除，相互独立的职能部门分工明确，各司其职，相互合作，因此能够在各自擅长的职能领域发挥最大的优势，并且在效率损失近乎为零的情况下形成规模化。虽然我们确实经常听到人们对于"筒仓"式的直线职能组织有诸多抱怨，但在布局阶段，你听不到这种抱怨，因为抱怨的人往往是发明者和优化者。发明者抱怨，是因为他们的世界十分模糊，直线职能组织无法发挥作用；优化者抱怨，是因为直线职能组织使系统异常低效，他们无法容忍。但这些并不是持续性增长阶段需要重点关注的问题。

- **优化阶段：优化者 + 等级组织。** 在市场从持续性增长过渡到周期性增长后的头几年里，优化阶段与布局阶段有所重叠。这是布局者获得丰厚回报的时期。他们薪酬的算法极其慷慨，只有如此，他们才会真正竭尽全力，在持续性增长市场攻城略地。现在到了优化阶段，如果薪酬方案还保持原来的算法，那就过于慷慨了。当然，不要期望布局者指出这个问题，这是优化者的任务。

还有一个事关重大的问题。慷慨的薪酬算法不仅浪费资金，而且会将布局人才绑在成熟的业务线上，很难让他们转向下一代产品项目。只要当前的业务线保持稳定，就能拥有高额回报，在这种情况下，哪一个头脑正常的人会选择转向一个风险更高、报酬更低的新项目？好吧，有远见的企业家确实可能会这样做，但我希望你明白我的意思：这是一场战争，你要释放布局人才，将他们投入到推动下一代发明上市的战场上；这也是一种节约成本的思路，一旦市场进入成熟阶段，优化工作就变得至关重要。

领导这项工作的优化者痛恨低效的工作流程，渴望简化甚至消除低效流程的机会。他们天生就擅长分析，富有耐心，思维缜密，喜欢用数据总结问题。想想丰田生产方式和戴明（W. Edwards Deming）、西南航空公司的赫布·凯莱赫（Herb Kelleher）、麦当劳的汉堡大学和麦当劳创始人雷·克洛克（Ray Kroc）。

等级组织的权力结构和审核渠道十分清晰，适合优化工作。等级组织天生保守，所以会放慢变化的速度，确保改变是为了变得更好，以免出现意外的后果。因此，优化工作得以像棘轮一样，只朝着一个方向旋转，将成本慢慢榨出来，然后将其彻底消灭，杜绝重新出现的可能。

过渡到换轨速度

如果你根据创新生命周期来调整公司局部的组织形式和人员配置，那么，在发明、布局、优化三个执行阶段，你都可以创造出巨大的牵引力。简而言之，如果你是复杂系统企业，在发明阶段，你将拥有野心勃勃的项目，帮助企业挺进新品类、新市场；在布局阶段，你将得到完善的作战手册，帮助企业在持续性增长时期形成规模化，迅速抢占市场份额；在优化阶段，你将拥有出色的产品，帮助企业在周期性增长时期实现收益最大化。如果你是规模运营企业，在发明阶段，你将进行卓越的产品研发，帮助企业闯进新品类、新市场；在布局阶段，你将建立良好的合作伙伴关系，帮助企业在持续性增长时期扩大规模，部署新产品；在优化阶段，你将拥有高效的流程，帮助企业充分利用既有市场地位获得收益。这些都是企业梦寐以求的结果，你还能有什么问题呢？

好吧，确实还有一个问题：过渡。这套方法将创新生命周期划分为三个阶段，中间有两个过渡时期。只有顺利跨越两个过渡时期，这套方法才能正常发挥作用，才能帮助你取得商业上的成功。从发明阶段过渡到布局阶段，实际上是一次跨越鸿沟，即填补第二轴缺失。我们已经知道，跨越鸿沟是一大难题。当然，从布局阶段过渡到优化阶段也并非一帆风顺，等到产品日益老化，现金牛不再坚挺，如果薪酬的算法仍然基于绩效，布局者就不会轻易放手，此时要过渡到优化阶段就更加艰难。而且，这种情况十分常见。

如果两个过渡时期均以失败告终，企业就会落得品类组合失衡的结果，我们在第 2 章品类力已经对此进行了讨论。实际上，品类组合失衡是普遍存在的情况，这也说明过渡时期的挑战有多么艰巨。在本书前面几章，我们构建了一套解决方案。首先，企业进行不对称押注，将核心资源用于打造能够让企业脱颖而出的核心能力，这是我们在第 3 章公司力讨论的内容。其次，选择一个最合适的细分市场，利用自身的核心能力迅速创造出战略引爆点，在目标市场发起强有力的变革，这是我们在第 4 章市场力讨论的内容。最后，凭借高度差异化的产品渗透到各个细分市场，这是我们在第 5 章产品力讨论的内容。

这套解决方案确实不错，但前提是我们能够顺利通过两个过渡时期（见图 6-3）。

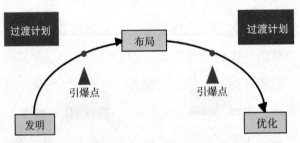

图 6-3　催化换轨速度：过渡方案的"引爆点"作用

如图 6-3 所示，在每个过渡时期，我们都需要制订一个过渡计划，帮助组织顺利达到引爆点，原本由前一个阶段管理人员负责的任务，此时要交给下一个阶段的管理人员负责。换句话说，过渡计划必须产生催化作用，促成从一个阶段到下一个阶段的转换。这并不是理解计划的一般思路，让我们花点时间对过渡计划稍做说明。

大多数计划的结果取决于投入的工作量，例如培训计划，或者客户开发计划，或者质量改进计划。计划团队组建之后，只要他们能为计划投入工作量，就能收获成果，这是预料之中的事情。但是，一旦团队停止工作，成果就会逐渐减少。我们甚至可以称之为"即付即用模式"（pay-as-you-go model）。

我们在此讨论的不是即付即用。过渡计划是以转移阶段工作重心为目标的一次性干预行动，具有催化作用。随着组织达到引爆点，工作重心发生转移，控制权从一个控制中心转移到另一个控制中心，并因此催生一系列变化，例如行为改变、文化改变、行事方式改变，所有变化都是根本性的改变，而且都不可逆。换句话说，这是一次巨大的变革。

这种过渡本身并不会自然发生。具体而言，发明者和布局者不会自然地完成任务交接，因为高瞻远瞩的发明者认为，只要新产品有一个成功运行的实例，他们就算大功告成；但是，坚持实用主义的布局者则认为，必须证明新产品具有市场前景，否则他们就不会接手。结果，发明者大发雷霆，抱怨新产品压在手里交不出去，而布局者则大翻白眼，觉得发明者不可理喻，简直无法沟通。

就这样，发明者与布局者之间无法进行真正的交接，布局者只好采取当前对他们最有利的做法，紧紧抓住已经迈入低增长期的既有产品。如此一来，从布局阶段到优化阶段的过渡也会连带出现问题。如果布局者不愿意放手，很少有优化者有主动接手的胆量，或者坦白地说，优化者并没有那么强大的影响力。相反，优化者更有可能后退一步，采取消极攻击策略，不断地挑剔低效和浪费现象。如果这种情况持续下去，能力出众的布局者就会开始"叛变"，选择到其他地方另谋高就，导致企业将产品投放市场的核心能力一下子被掏空，留下来的布局者团队不再具备应对换轨产品挑战的实力，因此更加不愿意与发明者交接。

这是一个执行失败的泥潭，许多老牌企业已经深陷其中。至于你是否也已经落入如此境地，你可以看看公司办公室的墙壁上有多少呆伯特[⊖]（Dilbert）漫画。这可不是一种令人感到振奋的幽默形式。

要摆脱泥潭，企业必须培养一种新的能力，用于管理创新生命周期的第四个阶段——过渡阶段。我们称这个阶段的领导者为"协调者"，他们与发明、布局、优化三个阶段的领导者同样重要，应得到同等对待。接下来，我们看看过渡阶段是如何进行管理的。

- **过渡阶段：协调者 + 跨职能组织**。协调者擅长借影响力领导他人，能够激励人们携手并进，共同实现更高的目标。他们天生具有同情心，是很好的倾听者。他们总是把别人放在第一位，对团队成员的贡献从不吝于夸赞，甚至有时候到了让夸赞对象感到不耐烦的地步。然而，正是这种无私的精神，创造了推动协作所需的空间和能量。

从本质上说，过渡就是两个组织之间的相互协作，最适合管理协作的组织形式就是跨职能团队。跨职能团队由每个相关职能部门派代表组成，其领导者要对团队要实现的目标愿景有清晰的认识，同时要以宽松的态度对待团队成员实现愿景的不同方法。团队成员

[⊖] 呆伯特：史考特·亚当斯（Scott Adams）创作的漫画跟书籍系列，是作者根据自己的办公室经验和读者来信创作的讽刺职场现实的作品。——译者注

必须得到所在职能部门的赋权，使他们代表的职能在团队充分发挥
作用——整个团队都在同一条船上，每一个成员都必须全力以赴，
绝不允许袖手旁观。如果没有这种赋权，跨职能团队的工作就会变
成无休无止的扯皮会议，除了确定下一次会议日程之外，得不到任
何可操作的结果。

组建跨职能团队，目的是通过协调使组织状态发生改变，从发
明阶段的综合团队形式转变为布局阶段的直线职能组织，或者从布
局阶段的直线职能组织转变为优化阶段的等级组织。当然，如果得
不到公司最高层的直接支持，这种组织转变是无法实现的。在讨论
这个问题之前，让我们先总结一下执行的四个阶段以及各阶段的组
织情况（见图 6-4）。

执行阶段	发明	布局	优化	过渡
领导者类型	高瞻远瞩的发明者	实用主义的布局者	保守主义的优化者	实用主义的协调者
核心能力	创新	竞争	控制	协作
核心特征	率性而为	意志坚定	准备充分	富有同理心
决策风格	直觉型	实验型	审慎型	共识型
最重要的职能部门	研发、创新服务	销售、工程	财务、运营	人力资源、营销、客户支持

图 6-4　执行的四个阶段及其组织情况

执行力的整体水平（《断层地带》(Living on the Fault Line) 第
15 章介绍了这个模型背后的全部细节）视这四个执行阶段的得分而
定，既要看单项得分，也要看总分。你可以花点时间仔细想一想你
在每一个执行阶段的表现。哪一个执行阶段表现最强？哪一个执行
阶段表现最弱？对你的下一次重要招聘有什么启示？反过来说，哪

些执行阶段的人事安排可能过于臃肿，需要做出调整？

也许最重要的是，看看你公司的最高领导者，无论是你自己还是其他人：这位领导者的执行风格是什么？无论答案是什么，最高领导者的执行风格都会渗透到整个企业，而且在很大程度上决定了公司的企业文化。这也决定了公司在哪一个方面更加擅长。但是，更擅长某一个方面，也会暴露另一个此消彼长的对立面。

我们观察了每一种类型和规模的企业，发现主要存在两种相互对立：创新与控制对立、竞争与协作对立。这两两对立构成了四种基本的商业文化，每一种商业文化都有一个主导的执行模式，每一种商业文化都希望与其对立面达到平衡并从中获益。那么，在这两种相互对立中，哪一种更符合你公司的情况？

思考这些问题能开阔我们的视野，帮助我们更好地理解过渡阶段管理工作的动态特征。但说到底，成功的关键还是在于行动。这便是我们接下来要介绍的内容。

催化变革

要得到加快到达换轨速度的结果，领导者必须充分利用自己手中的力量推动变革。具体而言，他们要亲自支持催化性过渡计划。

与其他普通计划不同，催化性计划是领导层的手段，而不是管理层的工具。你要启动一个催化性计划，但是没有高管的支持，这说明你缺乏领导力，计划就算启动，也不会产生牵引力。你这样做，实际上传达了一个信息：你既不需要也不期望产生牵引力，一切只不过是做做样子罢了。没有什么能比留下这种印象更让人丧气的了。

因此，虽然过渡计划的实施者通常是具有出色协调能力的中层管理人员，但真正的负责人其实是（也必须是）高管。由高管负责过渡计划，主要是为了提高关注度，使公司上下无人不知，计划组每个月要向全体员工汇报进度，高管每个季度将计划的成果列入季报对外发布。我们看到很多高管负责过渡计划的例子，例如 BMC 公司的鲍秉辰、Rackspace 公司的拉纳姆·内皮尔，还有阿卡迈技术公司的保罗·萨根（Paul Sagan）、赛贝斯公司的程守宗、讯宝科技公司的比尔·纳蒂、Adobe 公司的罗布·塔考夫。在本章末尾的案例中，我们会再次看到这一点。

换句话说，在高管领导大型企业的众多工具之中，催化性计划是最重要也是最有力的杠杆。相比之下，在年度预算谈判中拥有最终决定权只会给你一种表面上的权力。实际上，运营计划是一种你无法超越的力量。在预算谈判中，当所有的讨价还价到达尾声时，你已经筋疲力尽，而运营计划早已安排妥当。这是无法改变的事实，你必须接受。

但催化性计划确实给了你扬名立万的机会。在发明与布局之间的过渡阶段，你要创造合适的工具，让你达到能够实现换轨的发展速度。在布局与优化之间的过渡阶段，你要建立良好的机制，让你获得下一次换轨所需的资金。从发明到布局、从布局到优化，两个过渡阶段同时运转，一边从外围业务提取资源资助和推动核心业务，另一边把用于布局的资产转向下一代产品开发，创造未来的增长引擎——这就是执行力的本质。

小结

企业面对的环境千变万化，执行就是根据实际情况采取行动，针对实时变化调整应对措施。在遇到实时的关键时刻（moment of truth）之前，企业就应该培养执行力——把正确的资源放在正确的位置上，以获得最大的影响和效率的能力。

如果要创造换轨速度，最重要的关键时刻是在公司内部越过一个组织引爆点，使一个前景广阔的新发明转化为公司投入核心资源进行大规模布局的新产品。为了达到引爆点，高层管理部门要明确支持从发明到布局的过渡计划，将具体工作交给一个跨职能团队负责，指派一位有才能的协调者担任团队领导并赋予其类似总经理的职权。在组建之初，跨职能团队的成员发明者居多，布局者比较少；但越往后，布局者就越多，最后几乎全是布局者。

一家公司应该如何进行规模化布局，取决于该公司的商业架构是复杂系统还是规模运营。如果是复杂系统，规模化布局就是从项目模式过渡到作战手册模式，本质上是公司内部工具和方法的转变。如果是规模运营，规模化布局就是从产品模式过渡到合作伙伴模式。这是在公司外部发生的转变，其结果是创建或重新设计一个平衡的生态系统，专门为公司新推出的产品服务。从表面上看，这两条弧线似乎没有什么共同之处，但两者的核心都有同一股驱动力：协调者改变公司经营状态的企业家精神。

具体的例子比抽象的分析更容易理解，所以接下来我们将通过两个案例来看看如何实现大规模布局。

案例：从项目模式到作战手册模式——高知特公司（1998～2010年）

在 IT 服务离岸外包模式出现之前，软件定制开发和系统集成已经是一个增长后劲十足的活跃品类。在 20 世纪 90 年代，沙宾特公司（Sapient）、剑桥技术合作者公司（Cambridge Technology Partners）等公司通过这一品类取得了成功。然而，在那个时代，一切商业模式都是项目模式，整个项目团队都与客户在同一个地方办公。我们之前已经说过，项目模式很难形成规模，而且生产效率也几乎不可能提高，主要是因为每个团队的运作都独立于其他团队。有一个典型的例子：在业务鼎盛时期，惠普公司一度要同时派出四个团队到四个不同的地方安装客户关系管理（CRM）系统，而且四个团队使用同一个系统集成商。令所有人感到懊恼的是，这些团队之间没有任何协作，每个团队安装完成的系统都大不相同。这样的结果，无论对于客户，还是对于供应商，都没有任何好处。

后来，这一类业务开始转向离岸外包模式，但并不是为了解决这个问题。事实上，采用离岸外包模式只是为了降低服务成本，以前需要在现场投入 20 名高薪人员，现在只需要 5 名高薪人员加上一个低人力成本的印度团队。不过，随着离岸外包模式规模的扩大，新客户项目不断增加，企业需要招募更多人员加入团队，所有新招募的员工都在同一个办公地点工作。这就为知识共享创造了很好的条件，非正式的作战手册模式雏形开始出现。

1998 年，高知特公司大约有一千名员工，营收约为 5000 万美元。2010年，也是本书撰写之时，该公司营收达到50亿美元，员工超过10万人。也就是说，公司在十年多一点的时间里增长了不是一个数量级，而是两个数量级——不是10倍增长，而是100倍增长。显然，该公司必须解决项目模式固有的生产效率和质量难题，才能实现如此巨大的增长。那么，它是如何解决的呢？

该公司首先创建了传统的作战手册，收集应用开发、应用维护、敏捷编程等方面的通用方法。公司从印度最好的大学聘请最优秀的学生，对他们进行全面培训，让他们对这些通用方法了如指掌。但这样做还不够，客户还要求公司针对它们的业务做出具体调整。比如，一个客户每周都要在其系统环境发布代码，为此专门设计了一种代码发布方法——高知特公司必须适应客户的专用方法；另一个客户正在构建云端模式，要将软件从电脑端迁移到云端——这种情况高知特公司也必须适应。其他许多客户的情况也是如此。

垂直细分市场也提出了一系列的定制要求。如果客户是零售商，找甲骨文公司安装销售系统，客户需要的安装人员不但要懂代码，而且还要了解客户的业务流程。制药公司将临床试验工作流程部分外包，也会提出一样的要求。简而言之，市场上并不缺乏机会。但是，你实际上能安排多少人同地办公，非正式的知识共享能形成多大的规模，都是有上限的，否则你的员工数量需要有指数级增长。

此时，在高知特公司执行团队的全力支持下，公司首席知识官苏库玛·拉贾戈帕（Sukumar Rajagopal）主持了一项重大的项目投资，后来被称为Cognizant 2.0。Cognizant 2.0是一个知识共享平台，包括一个记录系统和一个参与系统。记录系统储存了高知特公司在全球各地所有项目工作的方法和构件（artifact）。参与系统利用了一些常见的搜索和社交网络技术，只要用过谷歌、Facebook 等消费者应用，就能上手操作，所以全公司上下都可以通过参与系统进行沟通和协作。实际上，Cognizant 2.0 以虚拟的方式重塑了同地办公体验，让一个专业人员不需要亲自与同行见面，就能利用他们的才能和经验。

参与系统具有自动采集工作构件的功能，在保护敏感信息的前提下，工作构件可以按需提供，这些功能已经融入正常的参与工作流程。此外，系统配置了全球人员目录，使项目与负责人员对应，人员与负责项目对应。如此一来，就算是刚接触某一知识体系的员工，也能够找到合适的专家进行交流。同时，系统还包含一个开放的社会网络功能，员工可以在社交网络就某个问题公开求助，就算得不到切实可行的建议，也会获得还可以向谁求助的提示。

Cognizant 2.0 是一个规模庞大的项目——项目曾经拥有约 750 名开发人员，所以并不容易复制。尽管如此，高知特公司正在与早期采用者客户进行试验，看看如何在它们的业务中利用这个平台。Cognizant 2.0 体现的原则适用于任何规模的项目，其中有三点原则特别值得一提。

1. 工作构件在线采集，构成正常项目工作流程的一部分。没有单独的知识管理任务，不要求离线或在业余时间创建工作构件。

2. 人与项目挂钩，项目与人挂钩，每个人都可以了解彼此的工作情况，项目经理在召集专业人才时，也更清楚哪些人有什么专长。

3. 整个系统的驱动机制是拉动式的，而非推动式的。因此，学习是在有需要的时候马上去学，而不是为了以防万一，先学了再说。

结果，高知特公司并没有一堆堆过时的、已经毫无作用的作战手册。在公司的业务中，有用知识的半衰期最多只有一两年，所以任何试图"捕获并持有"（capture and hold）知识的做法都注定会失败。取而代之的是一种"采集并发布"（catch and release）系统，虽然起初看起来混乱不堪，但事实证明在实践中效率惊人，只要你用心寻找，就一定能获得自己需要的知识。在一个竞争激烈的生态系统里，企业每年都必须提高质量和生产效率。对于高知特公司来说，知识共享不是一个"尽力而为"的项目，而是一项进化活动，其目的是在激烈的竞争中获得并保持竞争差距。

案例：从产品模式到合作伙伴模式——苹果公司（2001～2011年）

与本书的其他案例不同，我手上并没有苹果公司的内部资料。但是，从产品模式过渡到合作伙伴模式，苹果公司表现出极其惊人的执行力，即使从远处观察，也是其他公司学习的灯塔。

故事的起点应该是苹果公司推出的第一个规模产品：iPod。严格来说，iPod 只是一款 MP3 播放器，但与以前所有的 MP3 播放器不同的是，iPod 很好玩，很酷，而且极其简单易用。在丘珀蒂诺[⊖]（Cupertino）埋头苦干的那帮年轻人干得真不错，发明成绩可以拿 A 了。

⊖ 丘珀蒂诺：苹果公司总部所在地。——译者注

但是，直到 iTunes 风靡全球，iPod 才开始显示真正的威力。在四大唱片公司的支持下，iTunes 音乐商店的曲库非常完整。这种合作关系让 iPod 的部署率发生急剧变化，苹果公司也因此登上音乐流通行业巅峰，其霸主地位至今仍无人能撼动。这一切是如何发生的？为什么音乐产业会听命于苹果公司？

要回答这个问题，我们必须回到 20 世纪 90 年代末、21 世纪初，讲一讲 Napster 软件的兴衰。Napster 是一个免费的点对点网络文件分享软件。Napster 问世后，几乎在一夜之间成为个人电脑之间传输盗版音乐的高速公路。无数青少年和大学生纷纷转向这种新的音乐获取模式，尽管分享音乐文件是非法的，但没有人知道谁能阻止这种在线共享行为。而且，Napster 被强制关闭之后，流量马上就转移到许多类似的网站。一时之间，音乐产业惊慌失措，不知何去何从。

苹果公司出手了。每首歌 99 美分的价格似乎并不贵，但与免费相比，这已经是很大的一笔钱了。史蒂夫·乔布斯让唱片巨头相信，如果以每首歌 99 美分的固定价格出售，人们就会选择付钱购买，而不是下载盗版。事实证明他是完全正确的。当然，其他唱片公司也必须上车，这个计划才能成功。它们确实上了车，一切都非常顺利……但只维持了十分短暂的时间。在迪士尼经典动画《幻想曲》（*Fantasia*）中，有一段称为"魔法师的学徒"（"Sorcerer's Apprentice"）的故事，学徒偷懒，施魔法让拖把和水桶自己打扫屋子，却发现自己完全失去了对拖把和水桶的控制。就像那位偷懒的学徒一样，音乐产业忽然之间发现，原来自己创造了一个怪物。然而，在那个时候，造成的恶果已无法遏制，世界已经天翻地覆，再也回不到从前了。

事情的转折点是乔布斯与音乐产业的谈判取得了成功。他之所以能取得成功，是因为他具有多方面的优势：他是迪士尼公司的董事会成员；他收购了皮克斯动画电影公司；他独具慧眼，看到了技术与动画娱乐相结合的发展前景；他百分之百信任皮克斯动画电影公司的首席创意官约翰·拉塞特（John Lasseter）。换句话说，乔布斯为这一项事业押上了自己的一辈子。他赢得了谈判，与唱片公司签约，而且借此建立了足够的可信度，所以他能够协调与 iPod 相关的合作伙伴关系，对 iPod 大获成功起到至关重要的作用。

当然，你也可以说他运气好，只是凑巧碰上罢了。但是，后来乔布斯又一次取得了成功。这一次是 iPhone，丘珀蒂诺的设计师再次创造了超凡脱俗的奇迹，而且他们激发了无数模仿者，所以这一次的发明成绩可以拿 A+。但是，光有一款伟大的手机并不足以彻底颠覆市场——看看摩托罗拉的手机 RAZR 在市场上的遭遇就知道了。归根到底，规模运营的产品还是需要寻找合作伙伴一起努力，才能取得成功。

就手机而言，苹果公司要寻找的合作伙伴是运营商。但是，运营商并不好合作，美国的运营商尤其以难以合作闻名，并且建立了自己的"围墙花园"，对其实施严格控制。苹果公司该怎么办呢？乔布斯的方法是给 iPhone 增加 Wi-Fi 无线电功能。事实证明，这就是突破"围墙花园"的通道。

Wi-Fi 构想的号召力相当大，堪比以前的 Macintosh 电脑和 Windows 平台。因此，乔布斯找到了不少软件开发者跟他合作。然后，乔布斯开始培育一个专属于苹果公司的生态系统。他创建了苹果应用商店（App Store），并为软件开发者提供苹果系统开发工具包，开发出来的应用程序可以直接在苹果应用商店上架销售，十分方便，而且售价低廉。因此，更多软件开发者蜂拥而至，使苹果生态系统迅速膨胀，苹果应用商店一下子就冒出了成千上万甚至好几十万种形形色色的应用程序。其实，这种合作形式手机行业十多年前就尝试过，但最终惨遭失败，一个很重要的原因在于这个行业坚决不肯向开发者开放系统。

现在，苹果应用商店上架的每一个应用程序都为 iPhone 增加了一点价值。点点滴滴的增值叠加在一起，便造就了当时市场采用速度最快的消费设备。换言之，苹果公司不必依赖运营商的补贴，从而扭转了公司与运营商谈判的局面。例如，苹果公司曾经与 AT&T 签署 iPhone 独家代理协议，现在威瑞森（Verizon）想获得 iPhone 的销售权，谈判的主动权显然在苹果公司，是威瑞森要讨好苹果公司，而不是反过来。

就这样，iPhone 取代 iPod 成为世界上最酷的消费设备，但好景不长，平板电脑 iPad 很快就出现了。谁能想到，在短短十年之内，闪电竟然会击中同一个地方三次？事实再次证明，即便是最严重的技术恐惧症患者，也无法抵抗炫酷设计的魅力。iPad 很快就变得无处不在，使用场景极其丰富，例如时尚场合、会议室、客厅、飞机等。而且，苹果应用商店已经建立起来，合作伙伴也是现成的，iPad 不必等待，一问世就可以利用现有的资源迅速发展，成为有史以来增长最快的消费电子产品。

但是，我们在此也要为苹果公司提个醒。市场生态系统有一个反复出现的特征：它会自我重组，朝着遏制大猩猩公司继续扩张的方向演化。苹果公司显然是市场上的大猩猩，而且其近期的行动也在彰显自己的大猩猩地位。iPad 禁用 Adobe Flash 功能，虽然这样做讨好不了任何人，但苹果公司仍然一意孤行。此外，苹果公司与媒体公司争客户订阅数据控制权，媒体公司提出相当苛刻的条件。在图书领域，苹果公司以亚马逊为竞争对手；在视频领域，苹果公司以 Netflix 为竞争对手。总的来说，此时的苹果公司正四面出击，到处攻城略地。

苹果公司如此咄咄逼人，导致合作伙伴渐行渐远。它们对苹果公司的所作所为心生不满，但在短期内也毫无办法。但从长期来看，合作伙伴可以阻止苹果公司的进一步扩张，而且一定能做到。20 世纪 90 年代，微软公司就像现在的苹果公司一样如日中天，当时手机和机顶盒行业都决定不再考虑使用 Windows 系统，主要是因为不想步个人电脑行业的后尘，受制于微软公司这个庞然大物。

应对这一挑战的正确方法，我们称为"战略性善举"，即大猩猩主动将权力还给生态系统，以换取一波善意的回报。至于苹果公司是否听从这个建议，正如哈姆雷特所说，"不听从比听从更体面"，所以我们也不抱什么希望。

虽然如此，但在过去十年中，苹果公司从产品模式发展到合作伙伴模式，取得了极其辉煌的成就，确实是一个从发明阶段过渡到布局阶段的完美案例。我相信，苹果公司的成功故事将会成为未来几十年 MBA 案例研究的重点对象。

结　　论

本书一开篇就提出，本书的目标是指导企业克服来自昔日路径的引力，释放未来的发展潜力。我希望这个想法能引起你的共鸣。现在，本书已到达尾声，我希望你对此有了更直接的理解。为了加深理解，接下来将介绍本书最后一个重要案例，看看案例中的企业如何综合运用五层竞争力模型的各个力层，最终实现重大突破，成功摆脱了昔日路径。

IBM 公司是高科技领域有史以来最具影响力的公司。然而，在20世纪80年代末，IBM 公司却迷失了方向。到了20世纪90年代初，IBM 公司的表现简直是灾难性的，连最忠实的支持者都质疑它存在的理由，甚至希望它拆分。郭士纳和他的团队精心策划了一场扭转乾坤的变革，不但使 IBM 公司恢复元气，而且成为全球企业信息技术端到端解决方案供应商中的佼佼者。他们认为，这样的 IBM 公司才是世界想看到的。随后发生的事情证明，他们是正确的。这就是他们选择的核心，也是 IBM 公司重返辉煌的基础。

在选择这条换轨路径时，他们充分利用了 IBM 公司的几颗"皇冠明珠"：通过大型计算机这个老本行业务积累起来的长期客户关系、深耕多年的服务能力、在端到端交付管理上建立的品牌声誉。该团队重新调整资源配置，把资源集中于几类全新的供给品，连这些"皇冠明珠"也随之迈上了新的发展台阶。他们把重点从产品转移到服务，从硬件转移到软件，从而彻底扭转了原来的产品力颓势。然后，他们加倍下注，大肆从其他公司收购软件和服务方面的"皇冠明珠"，包括服务领域的普华永道咨询公司，软件领域的 Lotus Notes、Tivoli、Rational、Filenet 等软件公司。

在执行力方面，他们把高管从面向企业的工作岗位调整到面向现场的工作岗位。在亲近客户的新工作岗位上，高管们要么成功，要么失败，全凭自己本事。他们鼓励服务团队为竞争对手的产品提供支持，而不是只限于 IBM 公司的产品。只有如此，IBM 公司才能持续提供端到端交付。他们利用宽泛的系统维护价格协议，使普通产品也能够与具有"单项优势"的单点解决方案进行竞争。简而言之，他们将全公司上下的资源都向以服务为导向的核心倾斜。而且，他们尽可能地利用复杂系统的执行范式，将公司的执行模式从项目转向作战手册，最终完全退出打印机（拆分并成立 Lexmark 公司）、个人电脑（卖给联想）等规模运营业务。

20 世纪 90 年代中期，IBM 公司的变革成果开始在市场落地，巨大的定位转变把竞争对手惠普和 Sun 公司打了个措手不及，不得不选择退守。这就为 IBM 公司创造了一个进入新品类的大好时机。IBM 公司抓住了这次机会，大举挺进基于互联网的业务流程再造业务。其时，人人都以为这是只属于硅谷的一亩三分地。可是，硅谷的工程师并未真正理解的是，IBM 公司的核心根植于其一直以来的追求——帮助客户通过技术投资获得商业价值，在产品销售完成后的很长时间内，IBM 公司继续为客户提供服务，确保客户的投资能得到回报。其他竞争对手认为把产品卖出去就万事大吉，一完成交付就不见踪影，但这并不是世界上大部分人想要的销售方式。所以，IBM 公司能够打败对手，赢得客户的认可。换言之，IBM 公司**以服务为主导**的模式战胜了竞争对手**以产品为主导**的模式。

曾经，20 世纪 90 年代的 IBM 公司组织臃肿，亏损严重，让很多人对其丧失信心。如果像 IBM 这样令人绝望的公司都能够成功换轨，重返辉煌，我相信像你的公司这样充满活力和生机的公司也一定能够做到。但是，现在仍然有一个"如何做"的问题：你怎样才能做到呢？

换轨工具回顾

在本书中，我用五章对五层竞争力模型的五个力层进行了详细的讨论。在讨论中，我提出了不少模型或框架，我统计了一下，数量多达 13 种。在这么简短的小书里，读者要吸收的东西实在是太多了。因此，现在我们稍微花点时间回顾和整理这份换轨工具包中的全部工具以及每一种工具的用途。

品类力

- **品类成熟生命周期模型**反映的是一般品类的增长预期。如果公司高管将品类组合放到模型中进行审视，他们对公司的品类组合的认识会存在严重分歧。但是，一旦解决了分歧，他们就能够达成坚定的共识，并在此基础上权衡利弊，对品类组合调整做出合理的取舍。

- **增长/重要性矩阵**反映了一个公司的品类组合在两个最重要指标上的表现——对当前回报的贡献率和未来增长的潜力。每个象限都有一套清晰、可操作性强的优先事项清单。只要确定产品属于哪个象限，就可以根据相应的清单采取行动。

- **三轴投资模型**指出了三种不同的品类投资，每一种投资都有一套独立的评估指标。第二轴投资尤其关键，在管理上构成很大的挑战，因此需要一份高度规范化的作战手册，提高公司的组织和管理效率。

公司力

- **竞争差距模型**帮助公司找到自己的参照竞争对手，明确一套无可匹敌的核心能力，并以此为目标加大创新投资，进行一场极不对称押注。这是最重要的工具，公司要借此将自己的换轨策略传达给各利益相关方。

- **两种商业架构模型**，加上市场竞争三个梯队的概念，能够帮助公司将潜在竞争者的范围缩小到一个相关性强而且可相互参照的竞争集合。这是实施竞争差距战略的一个重要前提。

- **"皇冠明珠"**是帮助公司创造和维持竞争差距的独特资产，是推动公司加速换轨的能量来源。

市场力

- **九要点市场战略框架**是一份创造市场力的作战手册，只要将目标市场推向一个引爆点，此后你的公司就会得到普遍认可，成为市场的首选供应商。在职业足球场上，只要快攻打法运用出色，球队就能取胜。这份作战手册就是商场上的快攻打法，只要运用得当，企业就能脱颖而出。

产品力

- **创新的回报模型**让我们清楚地看到，分别以差异化、趋同化、生产率为目标的三类创新会带来相互排斥的结果。此外，该模型指出当前的创新实践存在大量资源浪费，并提出如何重新利用这些资源来创造积极的回报。
- **六大杠杆模型**是一份流程再造作战手册，指导企业通过生产率创新从外围提取资源，投入到打造核心。这是回收和循环利用创新浪费的基本机制。
- **价格／收益敏感度模型**是用于优化趋同化创新投资的分析框架。趋同化创新是为了跟上竞争对手更新产品的步伐，研发重点与公司当前客户群体最看重的价值保持一致。
- **核心／外围模型**将公司的竞争差距战略转化为具体的差异化创新，将创新成果打造成无可匹敌的产品。这是换轨速度的原点，也是将战略意图转化为经济行动的起点。

执行力

- **执行弧线模型**及其配套的**"四种执行模式"**为企业的组织设计和业务转型提供了框架。任何旨在创造换轨速度的方案都要以发明模式为核心，明确规模化布局模式，制订一个完善的过渡计划，迅速完成从发明到布局的过渡，并获得持久的效果。

整理完毕。这些模型和框架组成了一个完整的知识体系，其唯一目标就是帮助你的公司克服来自昔日路径的引力，释放未来的发展潜力。但是，这些模型和框架仍然没有完全回答"如何做"的问题。那么，将这些模型和框架运用于实践的作战手册是什么呢？

我们使用的作战手册是围绕愿景、战略、执行三个重点展开的。在品类成熟生命周期的不同阶段，其中一个重点会成为突出问题，需要特别关注。在 C 阶段，市场已经稳定下来，进入周期性增长阶段，此时往往需要关注执行问题。在 A 阶段，市场正在遭到颠覆，此时要重新规划愿景。最后，在 B 阶段，市场正处于持续性增长阶段，不管结果是好是坏，战略问题都需要重点关注。

因此，本书的最后将简单介绍三份通用的作战手册，分别是执行转型、重塑愿景和改变战略。你可以根据自己公司目前的情况，选择最合适的作战手册。

执行转型

执行转型作战手册的前提是你的市场已经成熟，进入周期性增长阶段，你的市场地位早已确立，但是此时有点不上不下。此外，竞争对手正在蚕食你的"领地",虽然不是很明显,但丢失"领地"越来越不可避免。公司士气正在下降,总体前景有些暗淡。你的愿景没问题,不需要重新规划。你的战略本身也没什么问题,应该是有效的战略。你认为你能够创造出牵引力,但事实并非如此。

这时候,你应该围绕执行采取一系列行动,具体如下:

- 忽略五层竞争力模型中的前两个力层,专注于后三个力层。你要针对这三个力层采取行动。

- 从**产品力评估**开始。执行问题往往始于一个毫无亮点的产品组合,导致拆东墙补西墙,最终形成一种糟糕的风气。

- 推出**下一代产品**,作为转变执行的平台和催化剂。利用产品力一章介绍的各种模型,将投资集中于核心的差异化创新,帮助公司达到换轨速度。

- 根据**执行弧线模型**,选择合适的发明模式和规模化布局模式,根据"四种执行模式",为每一种模式选择合适的领导者。

- 把注意力集中在一个转型项目上,以此推动内部变革,招募一位项目经理负责处理日常事务,但所有关键的节点问题,你都必须亲自处理。

- 利用**九要点市场战略框架**创造市场力,确保产品一投放市场就取得成功。必须尽早取得成功,以便获得积极的市场反馈,这样才能推动组织转型。

显然,完成以上任务清单的工作量十分巨大,但具体要完成什么样的工作,至少现在已经不再神秘。执行转型的关键在于迅速行动，同时保持稳定的节奏。组织需要感受到自己的变化，否则就不会转型。变革正在进行之中，作为转型的领导者，你的主要工作是不断地巩固变革的成果，每周召开会议进行成果总结，明确下周的任务目标，将每一步变革取得的进展都记录下来，并且高调地汇报和宣传，使变革的成果广为人知。"让变化看得见"就是执行转型作战手册的口号。

重塑愿景

重塑公司的愿景需要跳出内部视角，从外部视角审视你的公司。如果现状遭到彻底颠覆，品类市场就会重新洗牌，进而形成新的竞争格局。在这种生死攸关的时刻，切换到外部视角尤其重要。无论你目前的市场地位如何，你都必须做好充分准备，要随时可以抽离目前的合作关系网，改变自己的角色定位，实现转型，以适应新秩序的需要。

此时，你需要的作战手册如下：

- 忽略五层竞争力模型最下面的产品力和执行力，因为这两个力层根本无法抵挡市场颠覆时产生的巨大冲击。
- 首先把资源集中投入**第二轴投资机会**，至少实现部分业务转型，力求在新秩序下抢占一个细分市场的领导地位。
- 因此，你选择的第二轴投资机会最好能涵盖以下三个方面：

　　1. 一个新出现的市场需求。旧市场秩序被新技术颠覆，自然会产生新的需求。

2. 一类有新需求的客户。你可以接触到这一类客户，而且它们也在寻找能够帮助它们平稳渡过变革时期的新供应商。

3. 用来满足新需求的"皇冠明珠"。这些"皇冠明珠"能帮助你迅速打造出能够满足新需求的创新产品，并且在你拉开与竞争对手的差距之后继续让你保持竞争优势。

- 根据**九要点市场战略框架**，针对你选择的第二轴投资机会制订一个目标市场计划。

- 根据第二轴投资的关键成果（颠覆性创新产品）在目标市场的采用情况，参照**三轴投资模型**设计一个五到十年的未来愿景规划。

- 根据这个愿景确定一组参照竞争对手，然后想方设法超越它们并拉开竞争差距。在刚开始的时候，你跟竞争对手之间的差距来自第二轴投资打造的无可匹敌的产品。

- 制定一份贯穿三个投资轴的路线图，以第二轴产品为开路先锋，为公司开辟更加繁荣昌盛的未来。在与公司所有利益相关方进行沟通时，利用这份路线图帮助它们想象你的新愿景，让它们看到你在带领它们走向怎样的未来。

在转型时期提出新愿景的根本目的是帮助全部利益相关方理解市场颠覆将会对它们的现状造成什么样的冲击。这是一种思想上的引导，你要借此获得它们的信任和支持，最终带领它们顺利渡过变革时期。这一点尤其要向员工传达清楚，因为即将到来的市场颠覆将会危及它们的工作，他们的职业保障将不复存在，他们的生计也会受影响，所以他们的第一反应自然是拒绝承认现实，只想逃避。作为领导者，你要告诉他们一个生机勃勃的未来愿景，这样他们才会愿意放弃已知的世界，朝着未知的世界跃进。同时，作为管理者，你一定要把你信誓旦旦向他们描绘的美好未来变成现实。

改变战略

你之所以要改变战略，往往是因为公司在一个增长机会大好的市场表现平平，或者虽小有成就，但远不及预期。问题背后有两种可能：一是当前的战略没问题，只是执行不当；二是当前的战略本身就无的放矢，主次不分。此时公司的领导层必须了解问题的根源并达成一致意见。如果是第二种情况，你可以采取以下措施：

- 忽略五层竞争力模型顶部的品类力和底部的执行力，只关注中间的公司力、市场力和产品力。你选择的品类是合适的，而且已经确定这不是执行的问题。
- 集中研究和分析市场的**竞争态势**，花时间了解每个竞争对手的情况，搞清楚它们可能采用的最佳差异化战略。如果它们在某些方面拥有独一无二的强大能力，那你在选择核心时应该首先排除这些能力。在当前这个竞争阶段，你不能"跟它们一样"。
- 根据以上分析结果，并结合你对自家"皇冠明珠"的评估，选择一项**差异化创新**作为重点项目全力攻坚，打造自己的核心能力，使自己在竞争集合中脱颖而出。

- 充分利用自己的核心能力，创造出一个**无可匹敌的产品**。这个产品必须具有足够的说服力，能够广泛吸引客户和合作伙伴，保证你的战略投资一定能得到回报。
- 根据**核心/外围模型**凸显这个产品的差异化和趋同化特征。而且，你要想方设法减少核心要素的数量，最好只选择一个。
- 根据**九要点市场战略框架**，寻找重要的合作伙伴和盟友，确保你的新产品一上市就能取得成功。尽早邀请合作伙伴参加战略讨论，确定它们是正确的合作伙伴，而且真正支持你的计划，跟你站在同一阵线。
- 严格按照**六大杠杆模型**处理外围，尤其是现有的长尾产品，确保公司上下都把最好的资源集中到新的战略上。

战略转型的关键在于克服现状的惯性阻力。因此，战略转型时期要"先做领导，再做管理"。先做好领导，切断与过去的联系，找到未来的方向，再做好管理，进行不对称的资源分配，将战略理念转化为可操作、可执行的产品和行为。

结束语

现在，让我们再次回到原点，回到五层竞争力模型这个理论框架的作用和本书的初衷。理论框架不是机器，是语言；不能产生战略，但能够促成有效的战略对话。因此，要实现换轨转型，关键在于将这个理论框架融入战略规划的全过程。在本书的开篇，我已经提出了以下几个关键步骤：

1. 在战略规划过程启动之时，先要认真地以由外向内的视角重新审视你的企业。你要问自己这样一个问题：**鉴于过去几年发生的变化，现在的世界想从我们公司得到些什么？** 换句话说，如果我们要为世界上我们最希望成功的人和最希望我们成功的人服务，哪些机会能够帮助我们做到这一点？

2. 带着这个问题，围绕以下三点来构建你的战略规划：

a. 清晰地勾勒出一个令人信服的未来愿景，并得到其他人支持。

b. 制定一个与上述愿景相一致的战略，把公司定为选定目标市场的领导者。

c. 为战略的执行提供资源，使其既能实现你的最高理想，又能创造丰厚的经济回报。

3. 具体而言，在战略规划过程中，根据五层竞争力模型，先围绕品类力、公司力和市场力构成的框架，探讨世界当前的发展趋势，挖掘该趋势与你们公司业务之间的关系，构建一个共同愿景。

4. 然后将对话的焦点下移一个力层，围绕公司力、市场力和产品力构成的框架，针对你所瞄准的目标市场制定一个战略，较之服务同一市场的其他企业，形成一个可持续的竞争优势。

5. 最后，在执行方面，将对话的焦点再下移一个力层，围绕市场力、产品力和执行力构成的框架，构建一个运营计划，让公司的资源分配大幅度向换轨举措倾斜，以至于你的直接竞争对手无力跟随，或者不愿跟随。

因此，要完成战略规划，你需要越过三个独立的关口，每越过一个关口，你对公司现状的理解就更真切，同时还对公司更长远的未来有清晰的展望。无论面对哪一个关口，我们都深信，只有以共同的语言进行战略对话，让意志坚强、思想坚定的高层人才能够充分表达不同的观点，公司才能从不同角度寻找解决问题的思路。最理想的结果是，这些高层人才最终就一种解决思路达成一致，进行一次高度不对称的押注，而且坚持到底，直到取得成功。

以上所述实际上是一个协作管理愿景。我是一名商业管理顾问，在漫长的职业生涯中，我经历过许多重要的变革时刻，如果要问哪一次变革的影响最为深远，那要数企业组织形式和管理模式的转变，从以前通过指挥控制体系管理的垂直整合组织，转向现在的高度专业化、分散化组织，企业之间相互协作，共同创造全球价值链，重塑全球经济格局。我们进入了一个全新的时代，整体已经无法再牵制局部，世界变化的速度超过以往任何时候，市场转型和技术颠覆也比以往更加频繁。同时，应对变化的策略必须依靠更广泛的力量通过相互协商达成共识，其中很多力量你无法指挥，更无法控制。可以说，在当今世界，协作比以往任何时候都更加重要。

在一个协作网络中，谁能先采取主动，抓住当前正在发生的变化，找到关键的发力点，选择可行的理论框架传达愿景，谁就能获得优势。本书提出五层竞争力模型就是为了帮助你获得这种优势，让你的公司能够摆脱过去的惯性，在市场竞争中得到应有的回报。最后，我真诚地希望你的换轨策略取得成功。祝你好运！

致　谢

在过去十年里，颠覆性技术和非连续性创新产品在高科技行业频繁出现，业内遭受冲击的既存企业纷纷向我们的 TCG 求助，本书的写作材料就是我和 TCG 的同事在这十年里的工作成果。对此，TCG 的三位创始人托德·休林、叶罗平（Lo-Ping Yeh）和菲利普·莱功不可没，本书使用的所有模型和框架都离不开他们的真知灼见，而且我本人对商业的理解也深受他们影响。此外，TCG 的每一位员工都为我们的工作做出了自己的贡献，在此要特别感谢布雷特·邦思隆（Brett Bonthron）、里克·查维斯（Rick Chavez）、约翰·梅特卡夫（John Metcalfe）、汤姆·科斯尼克（Tom Kosnik）、约翰·哈姆（John Hamm）和弗朗索瓦·乔安内特（Francois Joanette）。我还要感谢时不时支援我们的"大鸿沟社区"，包括鸿沟研究所的马克·凯文德（Mark Cavender）和迈克尔·埃克哈特（Michael Eckhardt），以及鸿沟集团的保罗·维费尔斯（Paul Wiefels）、汤姆·基波拉（Tom Kippola）和勒内·怀特（Rene White）。最后，作为莫尔达维多风险投资公司（MDV）的投资合伙人，我要感谢在 MDV 与我并肩作战的同事，特别是负责企业 IT 领域的乔恩·费伯

（Jon Feiber）、南希·肖恩多夫（Nancy Schoendorf）、比尔·埃里克森（Bill Ericson）、戴夫·范莱布（Dave Feinleib）、布莱恩·施托勒（Bryan Stolle）、凯瑟琳·巴尔（Katherine Barr）、斯万·斯特罗班德（Sven Strohband）和吉姆·史密斯（Jim Smith），他们让我对高科技市场的动态有了更深入的思考。

在行业方面，我要感谢许多公司高管，他们在百忙之中抽出时间，为我介绍他们的公司面临的具体问题和相关专业知识，要是没有他们分享的精彩案例，本书就只有干巴巴的模型和框架，想必一定会十分枯燥无味。在此，我要特别感谢克里斯·舒特勒、鲍秉辰、拉伊·内森、程守宗、马尔科姆·弗兰克（Malcolm Frank）、拉纳姆·内皮尔、托德·布拉德利（Todd Bradley）、卡尔·巴斯（Carl Bass）、罗伊·瓦利（Roy Vallee）、奥尔特·德赫斯（Aart de Geus）、金尼·李（Ginny Lee）和马克·贝尼奥夫（Marc Benioff），感谢他们那么慷慨为我付出时间。我还要感谢我在商界的其他朋友，他们是我最好的参谋，为我的很多新想法提供了有益的反馈，特别是蒂姆·布朗（Tim Brown）、戴维·肯尼（David Kenny）、马蒂·科因（Marty Coyne）、彼得·斯基里森（Peter Schireson）、丽贝卡·雅各比（Rebecca Jacoby）、保罗·萨福（Paul Saffo）、罗恩·里奇（Ron Ricci）、谢尔顿·劳贝（Sheldon Laube）、桑顿·梅（Thornton May）、桑杰·瓦斯瓦尼（Sanjay Vaswani）、约翰·布鲁诺（John Bruno）和罗布·塔考夫。

最后，在图书出版方面，我要感谢我的作品经纪人吉姆·莱文（Jim Levine）。我和吉姆是长期合作伙伴，本书是我们在合作旅程中的又一个驿站，他为我的每一个写作项目提供了专家级别的指导。在我眼中，吉姆不仅是一位细致周到的合作者，也是一位非常真挚的朋友。我还要感谢 HarperCollins 的编辑霍利斯·海姆鲍奇（Hollis Heimbouch），他和吉姆一起帮助我这个习惯了"纸质书"的人逐渐适应"电子书"，他永远是那么神采奕奕，无论多么不可思议的要求，他总是想尽办法满足。另外，我要感谢帕特·格兰杰（Pat Granger），他长期担任我的助理，本书就是献给他的，他和南妮特·维丹－佩利德（Nanette Vidan-Peled）将负责本书未来的发行和推广工作，我想在此提前对他们表示感谢。

当然，还要感谢那一群始终围绕在我身边支持我的人，最外面一圈是我的大家庭和朋友；往里面走，是我的孩子以及他们的爱人和孩子，他们都是我生命中的至爱；所有一切的中心，是我的妻子玛丽。写作是一趟孤独的旅程，你要离开当下，可你又身处当下。与这样的人生活在一起是一件极不容易的事情。但是，每当我感到疲惫，想稍做休息时，我一回头看，玛丽永远都在那里。在那一瞬间，犹如奇迹一般，我所有的疲惫都烟消云散。如果没有她给予我的一切，我也没有什么能够给予他人。